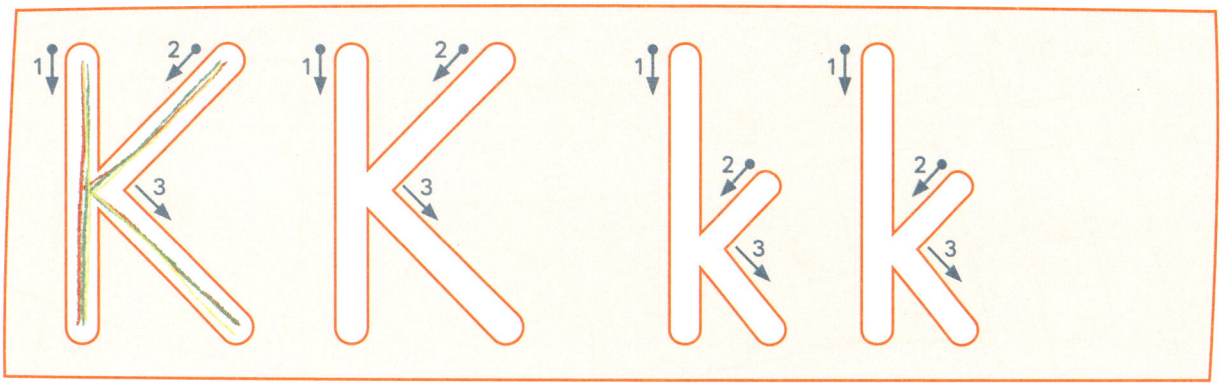

K K   K

K K   K

k k   k

k k   k

K k   K k

Kino

keine

3 Kater Muki kaut Kekse im Keller.

Das Kamel kaut

Kaugummi im Kino.

K k

1

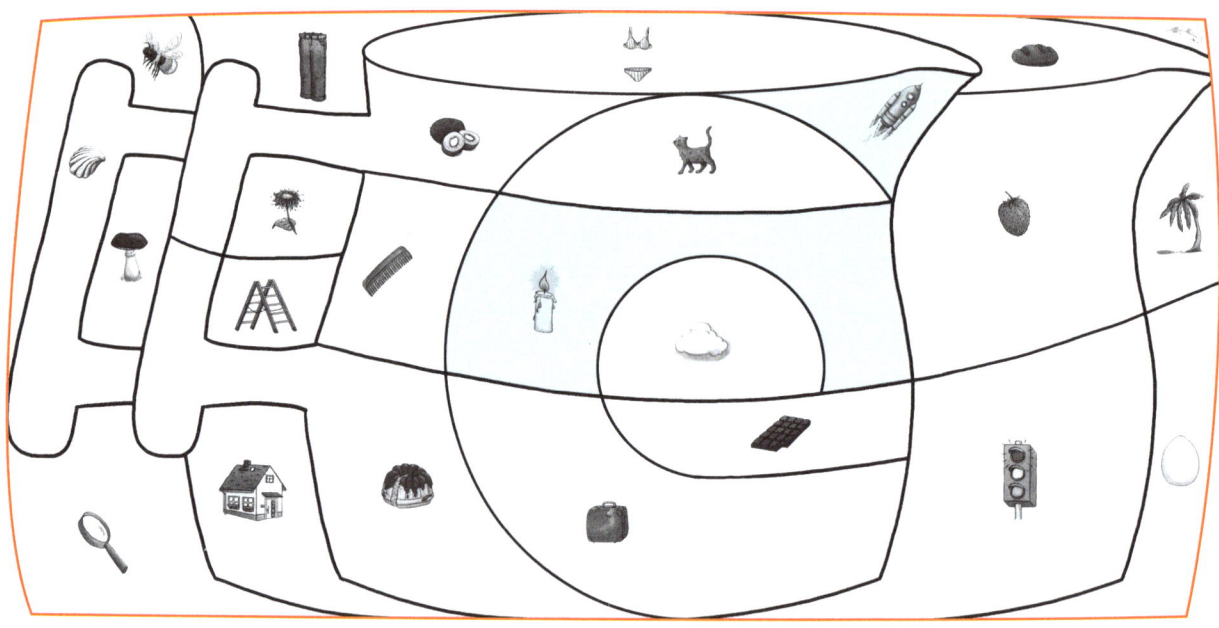

2

X	

2

1 Vorhandensein des Lautes K k
auditiv analysieren

2 Position des Lautes K k auditiv analysieren

Fibel, S. 56/57
Fö KV 45, 52, KV 45
MK Laute 12

1

Ka

2

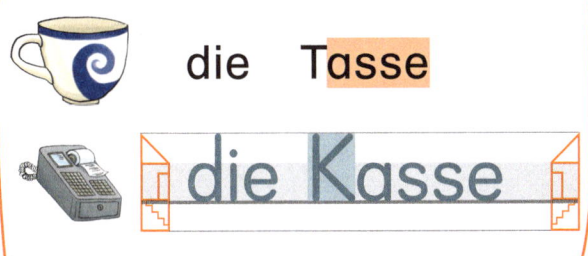

die **Tasse**

die Kasse

die **Tanne**

die K

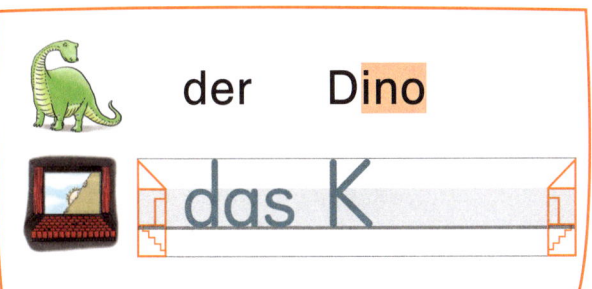

der **Dino**

das K

die **Liste**

die K

---

1 Anzahl der Silben schwingen, Vokale / Silben
   der dick gedruckten Silbenbögen verschriften

2 Reimwörter finden, verschriften

1 Silben / Wörter verschriften

Fibel, S. 56/57
Fö KV 48, KV 48

3

1

ka	ke	ki	ko	ku
fa	fe	fi	fo	fu
Pa	Pe	Pi	Po	Pu
Kla	Kle	Kli	Klo	Klu
kel	kis	ken	kon	kin

2

☐ Ole kann Karate.

☒ Ole kann klettern.

☐ Ali mit Kater Muki

☐ Ole mit Kater Muki

☐ Ella kuschelt.

☐ Ella malt.

1 Silbenteppich lesen
2 Sätze lesen, dem Bild passend zuordnen

1 Silben mit kurz gesprochenen Vokalen in der letzten Zeile

Fibel, S. 56/57, LMH, S. 25
MK Silben 13, Lesen 9, 25

1

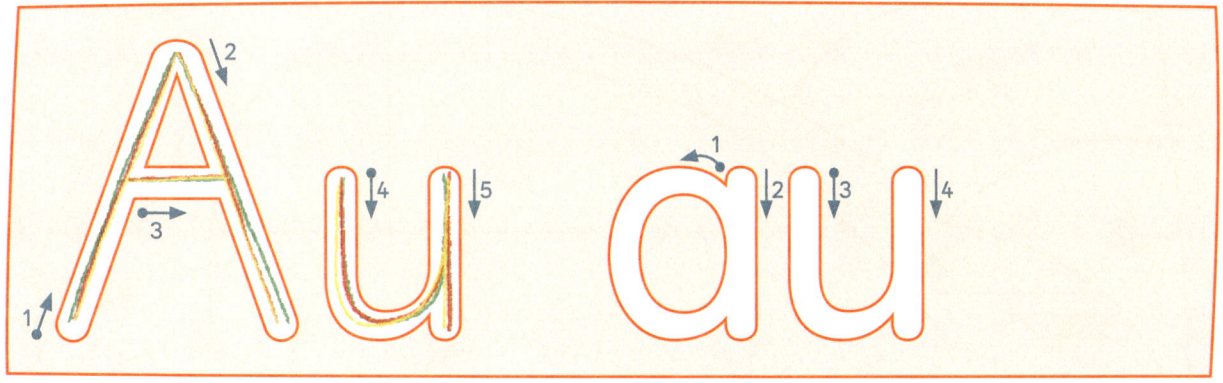

2

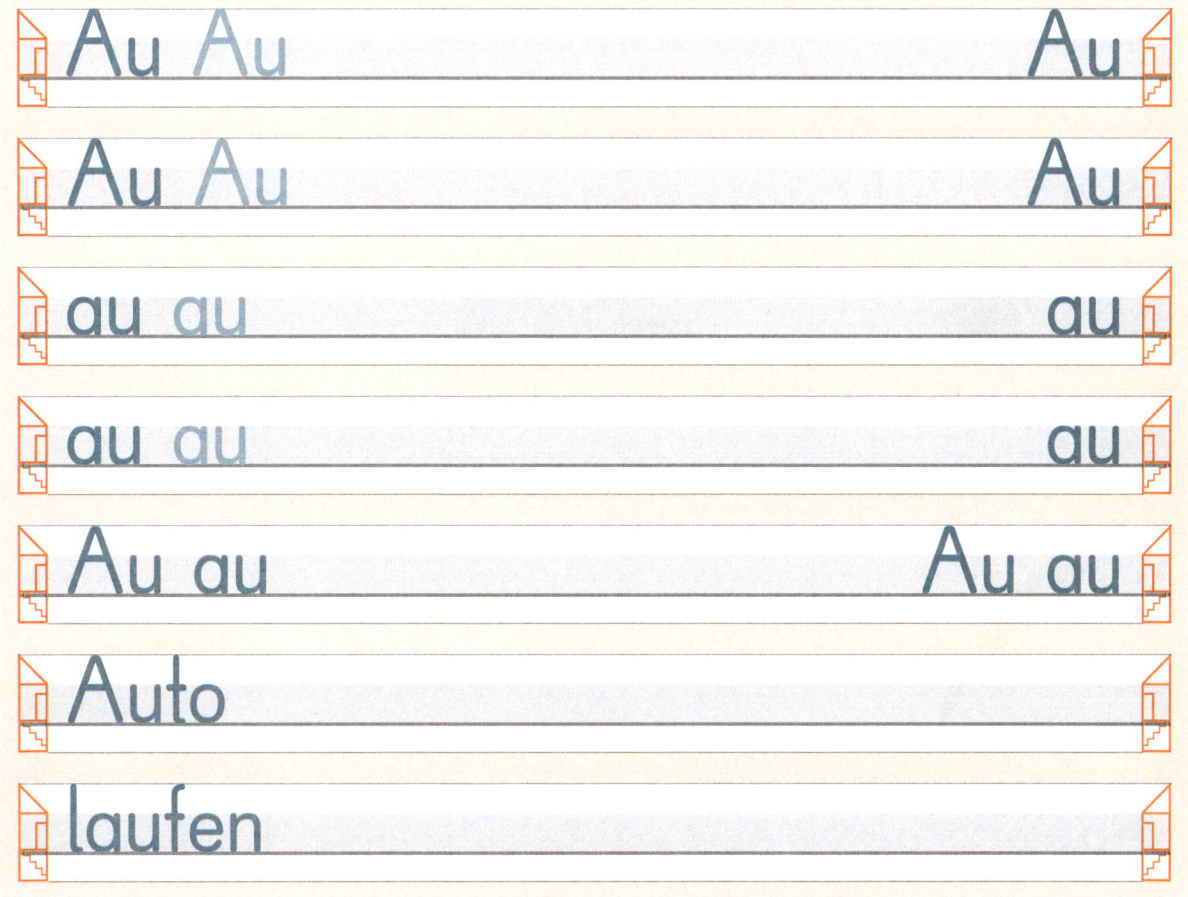

Au Au   Au

Au Au   Au

au au   au

au au   au

Au au   Au au

Auto

laufen

3 Das blaue Auto saust
aus dem Kaufhaus.
Eine kleine graue Maus
schaut raus.

1 die Buchstaben Au au nachspuren
2 die Buchstaben Au au und Wörter schreiben
3 die Buchstaben Au au visuell diskriminieren

1 Handzeichen verwenden
3 einzelne Wörter / Text lesen

Fibel, S. 58/59

5

Au au

1

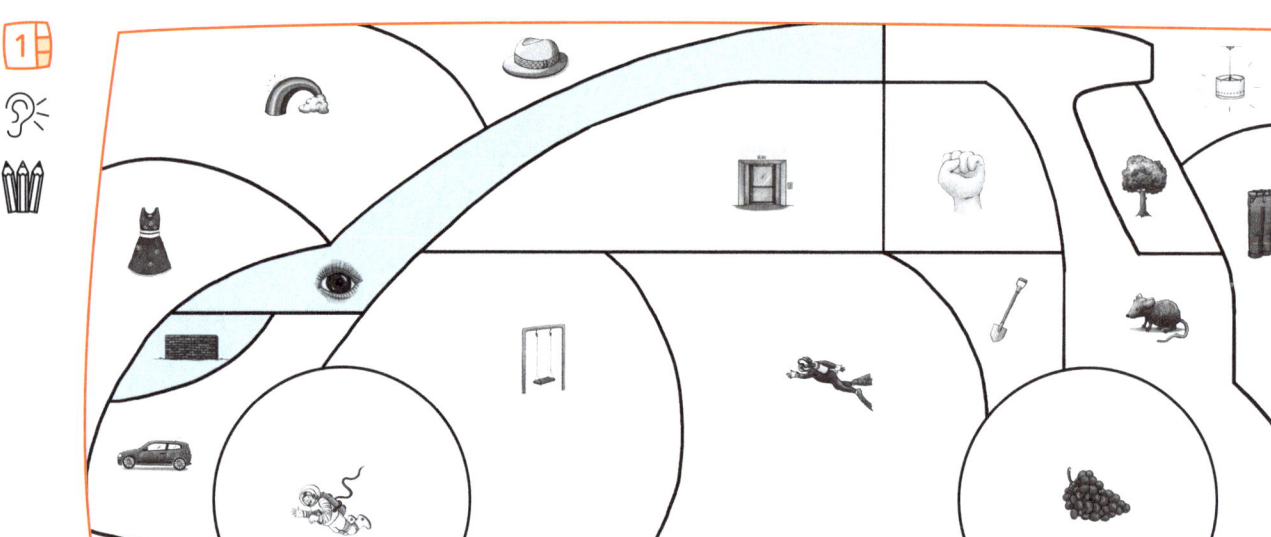

2

| X | |

| | |

| | |

| | |

| | |

| | |

| | |

| | |

| | |

1 Vorhandensein des Lautes Au au
auditiv analysieren

2 Position des Lautes Au au auditiv analysieren

Fibel, S. 58/59
KV 46
MK Laute 14

 **Au au**

1

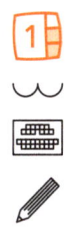

Au

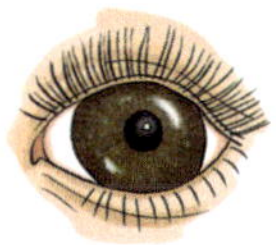

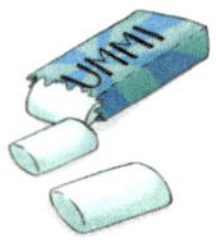

2 Mein Traumauto

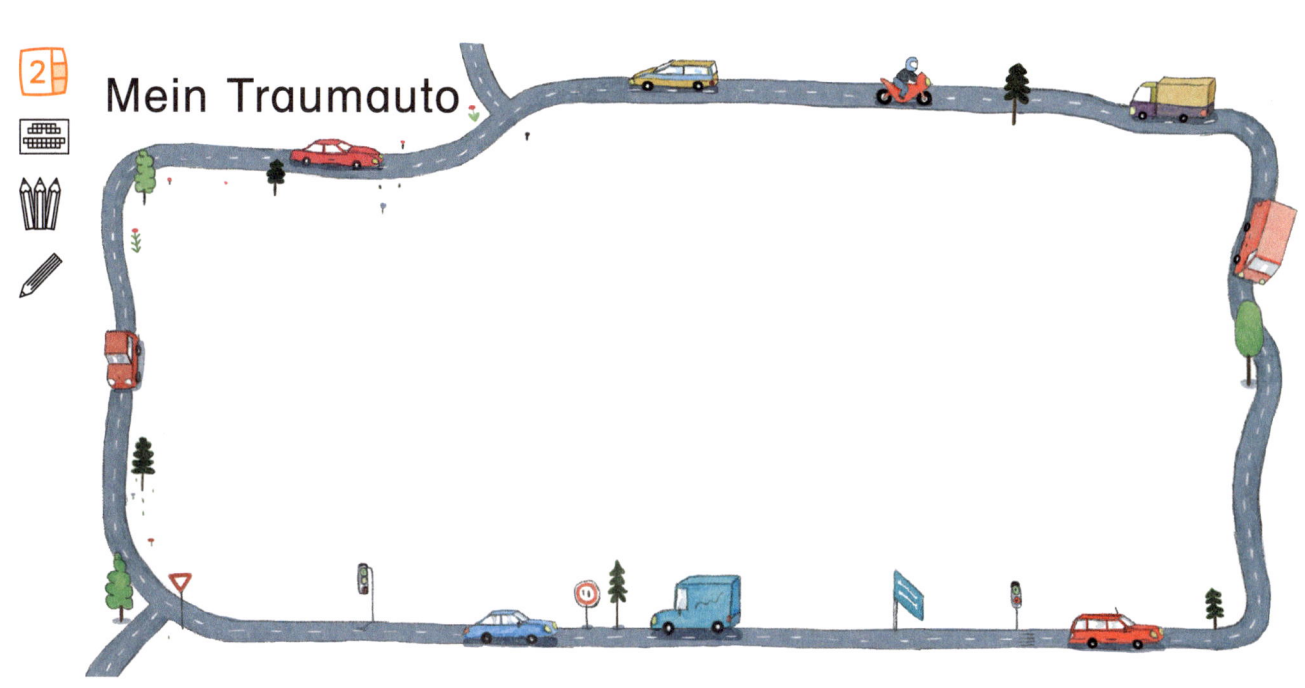

1 Anzahl der Silben schwingen, Vokale/Silben
  der dick gedruckten Silbenbögen verschriften
2 Freies Schreiben mit der Anlauttabelle

1 Silben/Wörter verschriften
2 Wörter/Texte auf individuellem
  Niveau verfassen

Fibel, S. 58/59

7

mau	lau	sau	fau	kau
mei	lei	sei	fei	kei
Ma	La	Sa	Fa	Ka
mo	lo	so	fo	ko
aus	auf	raus	ein	mein
am	im	an	in	mit

☐ Ali ist im Auto.

☐ Ali ist am Baum.

☐ Laurin kocht.

☐ Laurin kaut.

☐ Ella und Ali lachen.

☐ Ella und Ali laufen.

8

1 Silbenteppich lesen
2 Sätze lesen, dem Bild passend zuordnen

1 Silben mit kurz gesprochenen Vokalen in der letzten Zeile

Fibel, S. 58/59
MK Lesen 26
I MH, S. 26

H h

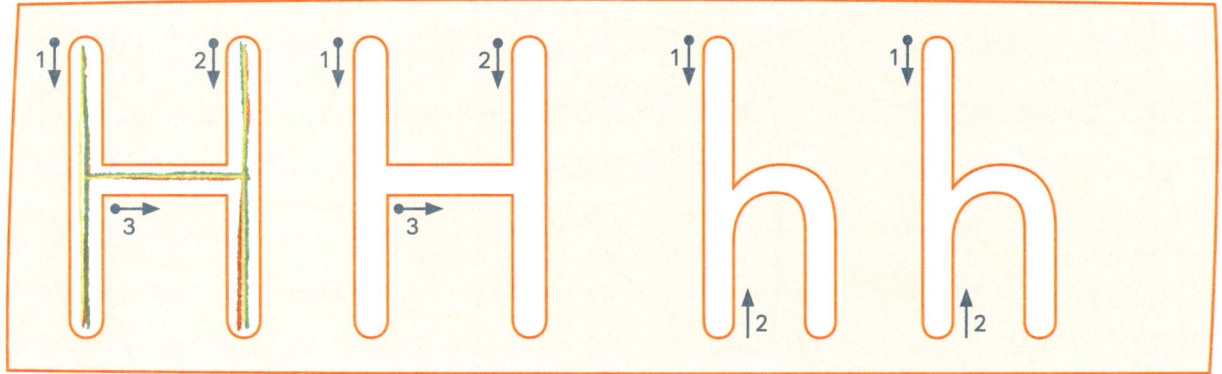

H H   H

h h   h

H h   H h

H h   H h

Hase

hat

holen

Hase Hans hat hohes Fieber
und Husten.
Hase Hans hoppelt
in das Haus.

---

1 den Buchstaben H h nachspuren
2 den Buchstaben H h und Wörter schreiben
3 den Buchstaben H h visuell diskriminieren

1 Handzeichen verwenden
3 einzelne Wörter / Text lesen

Fibel, S. 60/61
Fö KV 46

9

H h

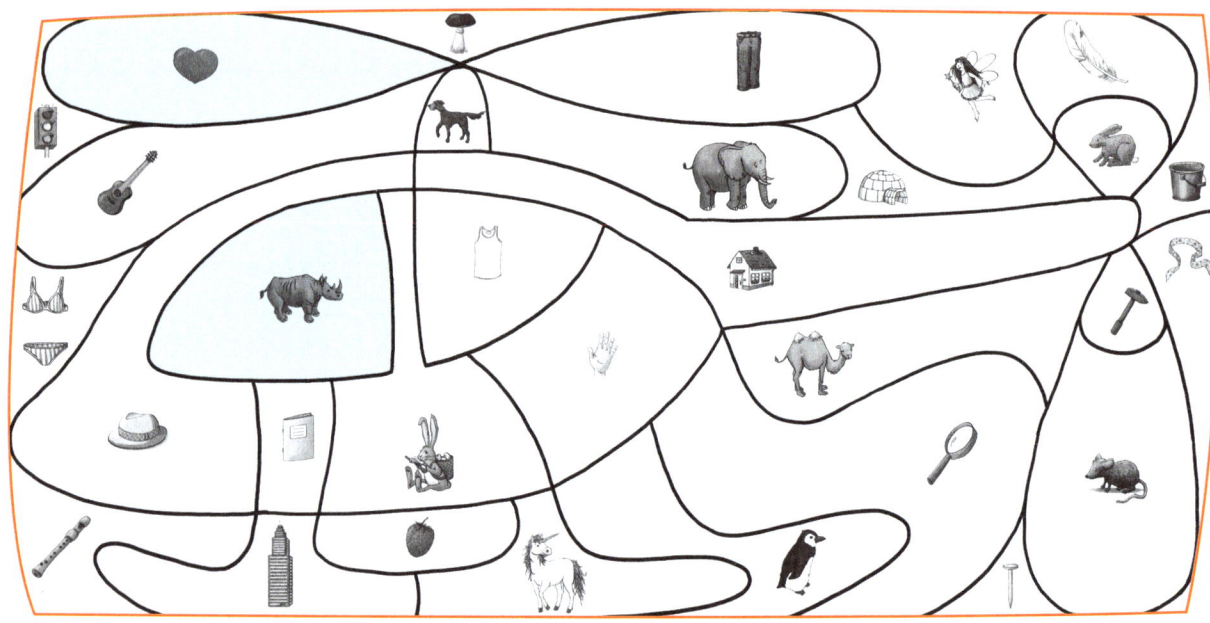

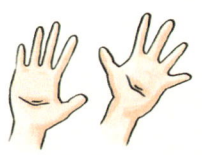

1 Vorhandensein des Lautes H h
auditiv analysieren

2 Position des Lautes H h auditiv analysieren

Fibel, S. 60/61
MK Laute 15

1

Hase

∪∪ ∪∪ ∪∪

∪∪ ∪∪ ∪∪

∪∪ ∪∪ ∪∪

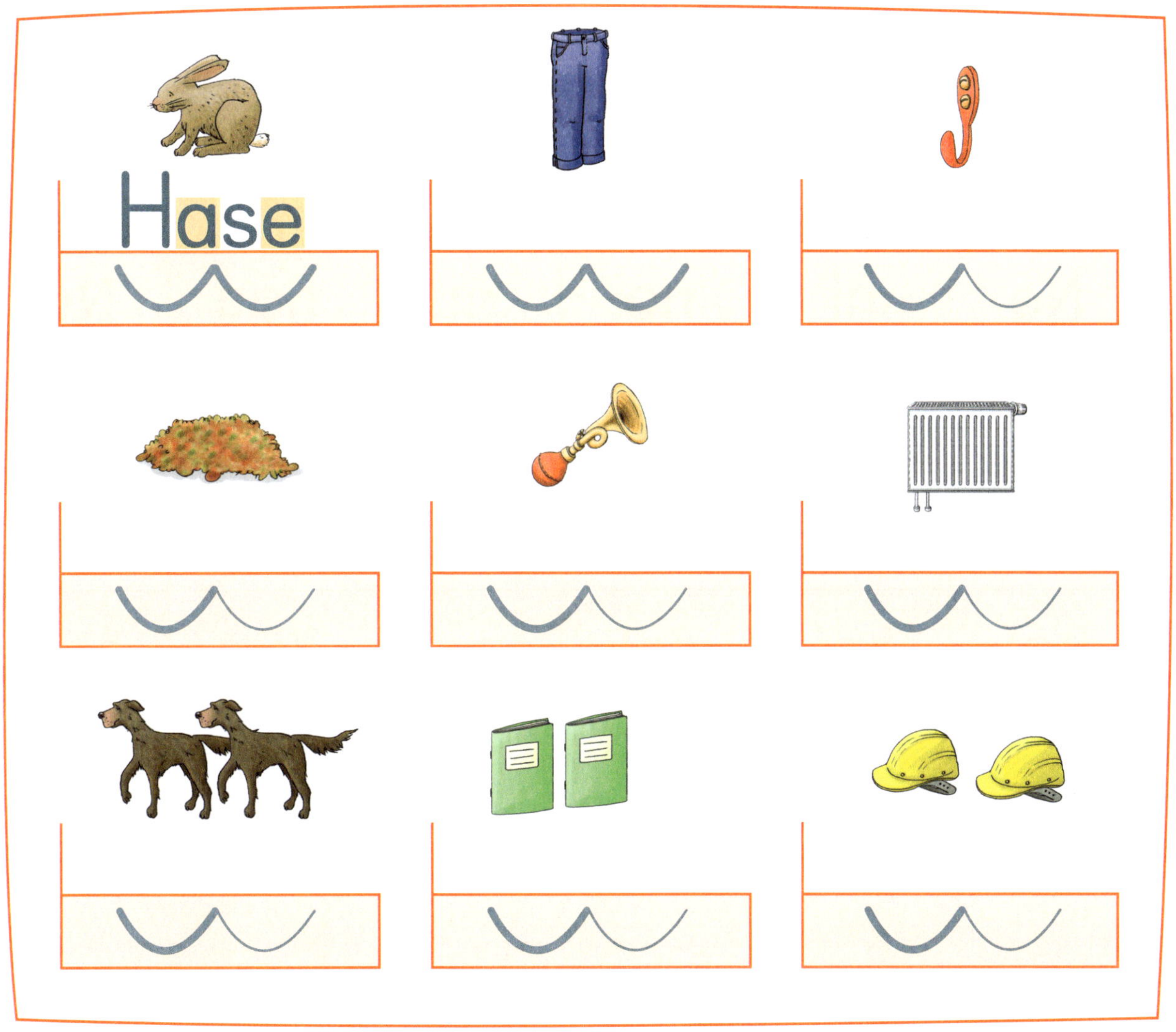

2

Hund — Hand

Hummel — H_mmel

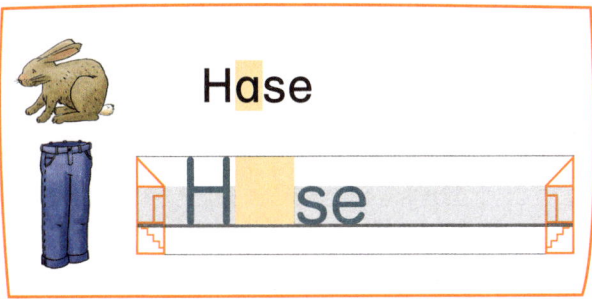

Hase — H_se

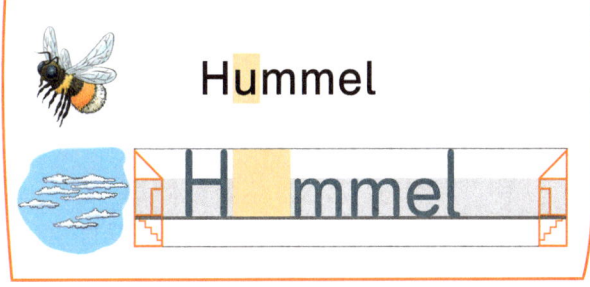

Hummer — H_mmer

1 Anzahl der Silben schwingen, Vokale/Silben
der dick gedruckten Silbenbögen verschriften

2 Minimalpaare finden, verschriften

1 Silben/Wörter verschriften

Fibel, S. 60/61
Fö KV 47, KV 47
MK Silben 14

11

1

He	hi	ho	hu	hau	Hei
Te	ti	to	tu	tau	Tei
Ne	ni	no	nu	nau	Nei
de	di	do	du	dau	dei
dri	dro	drau	drei	dru	dre
hat	hel	del	nel	hun	hen

2

☐ Lea hat den Hammer.

☐ Lea hat den Hummer.

☐ Helena hat Husten.

☐ Helena hat Hasen.

☐ Der Hase ist im Hof.

☐ Der Hund ist im Hof.

1 Silbenteppich lesen
2 Sätze lesen, dem Bild passend zuordnen

1 Silben mit kurz gesprochenen
Vokalen in der letzten Zeile

Fibel, S. 60/61
Fö KV 53, KV 53
MK Lesen 10, 27, 53
LMH, S. 27

B b

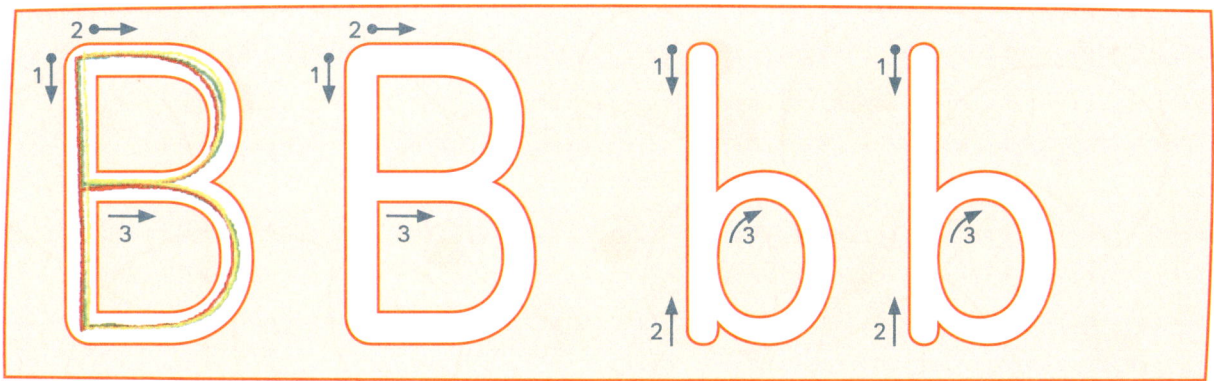

B B   **B**

b b   **b**

B b   **B b**

B b   **B b**

Besen

bei

Rabe

Bambi ist mit Rabe Bobo

am Baum.

Am Baum ist

eine bunte Blume.

1 den Buchstaben B b nachspuren
2 den Buchstaben B b und Wörter schreiben
3 den Buchstaben B b visuell diskriminieren

1 Handzeichen verwenden
3 einzelne Wörter / Text lesen

Fibel, S. 62/63
KV 54

1

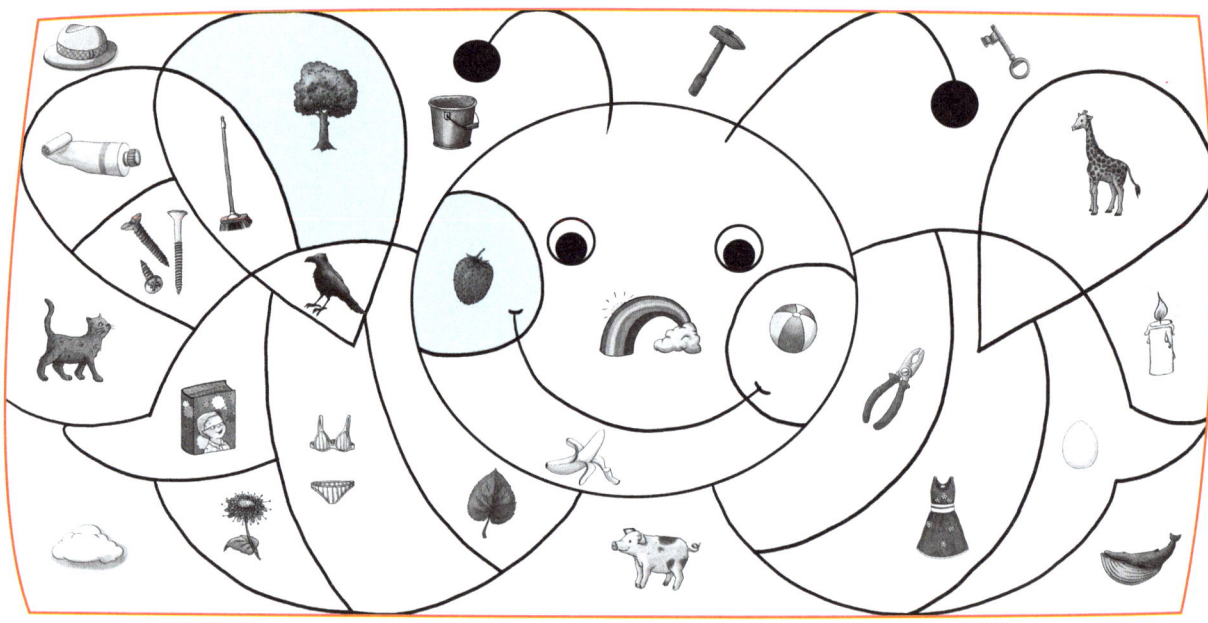

2

| ✗ | |

| | |

| | |

| | |

| | |

| | |

| | |

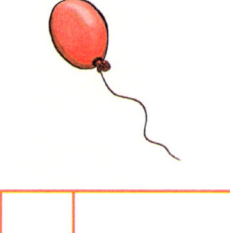

| | |

| | |

1 Vorhandensein des Lautes B b
auditiv analysieren

2 Position des Lautes B b auditiv analysieren

Fibel, S. 62/63
Fö KV 52

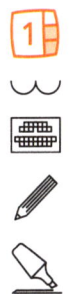

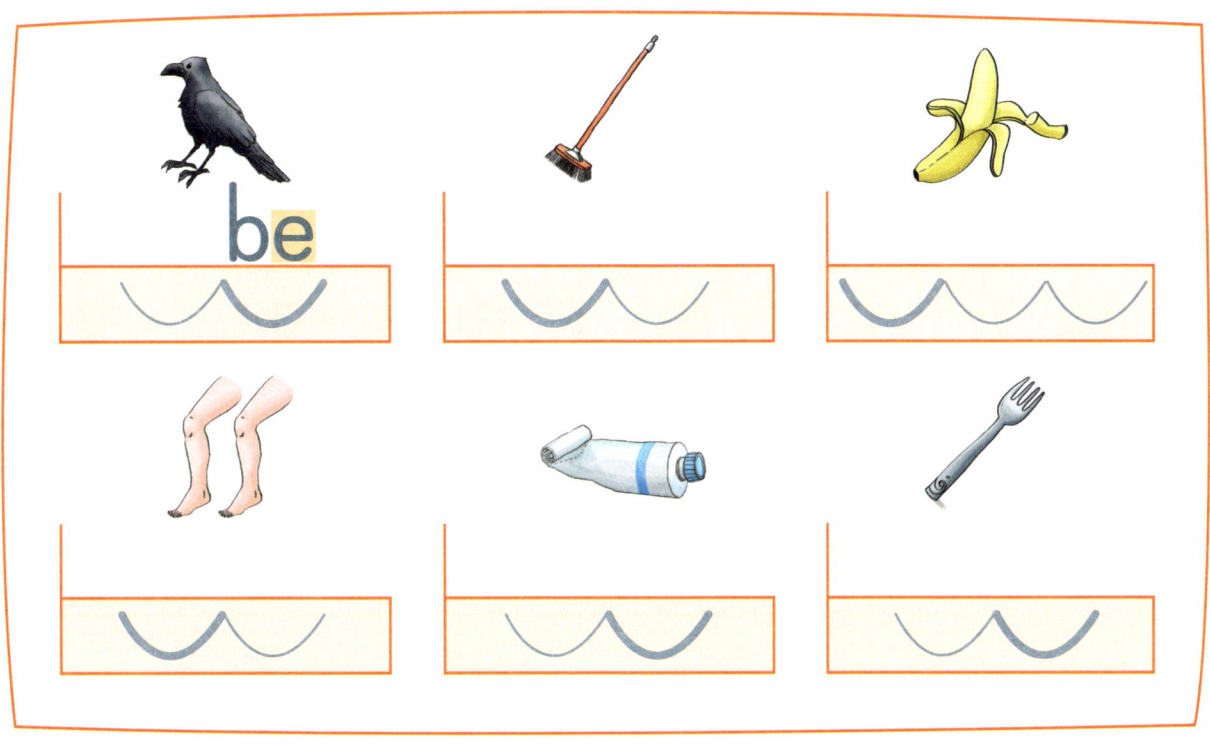

be

auf   im   ~~am~~   neben   mit

Ali **am** Fenster

Ella dem Esel

Ole dem Ball

Bela Bett

Lea dem Haus

1 Anzahl der Silben schwingen, Vokale/Silben
der dick gedruckten Silbenbögen verschriften

1 Silben/Wörter verschriften

Fibel, S. 62/63
Fö KV 52
MK Silben 15

2 Präpositionen zuordnen, verschriften

15

1

Ba	bi	bo	bu	bau	Bei
Ha	Hi	Ho	Hu	Hau	Hei
ra	ri	ro	ru	rau	rei
Sa	Si	So	Su	Sau	Sei
ki	ka	kau	kei	ka	ko
bel	ben	kel	ken	hel	hen

2

☐ Boris baut eine Mauer.

☐ Rabea baut eine Mauer.

☐ Ali ist bei Oma.

☐ Ali ist im Bett.

☐ Der Bauer baut ein Haus.

☐ Der Bauer ist im Bad.

1 Silbenteppich lesen
2 Sätze lesen, dem Bild passend zuordnen

1 Silben mit kurz gesprochenen
Vokalen in der letzten Zeile

Fibel, S. 62/63
Fö KV 54
MK Lesen 11, 28 LMH S. 28

Z z

1

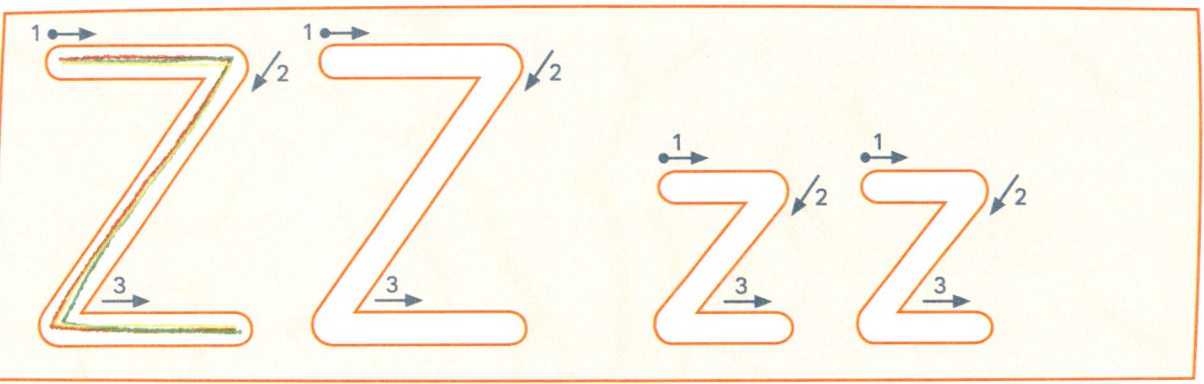

2

Z z   Z

z z   z

Z z   Z z

Z z   Z z

Zaun

zu

tanzen

3 Zwei Zebras tanzen.

Ein Zebra mag Zucker und

ein Zebra mag Brezeln.

1 den Buchstaben Z z nachspuren
2 den Buchstaben Z z und Wörter schreiben
3 den Buchstaben Z z visuell diskriminieren

1 Handzeichen verwenden
3 einzelne Wörter / Text lesen

Fibel, S. 64/65

17

 1

 2

╳	

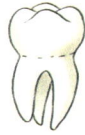

1 Vorhandensein des Lautes Z z
auditiv analysieren

2 Position des Lautes Z z auditiv analysieren

Fibel, S. 64/65
MK Laute 16

Z z

1

ze

2

Im Zoo

1 Anzahl der Silben schwingen, Vokale/Silben der dick gedruckten Silbenbögen verschriften
2 Freies Schreiben mit der Anlauttabelle

1 Silben/Wörter verschriften
2 Wörter/Texte auf individuellem Niveau verfassen

Fibel, S. 64/65
Fö KV 49, KV 49
MK Silben 16

19

Z z

1

za	ze	zo	zu	zau	zei
ba	be	bo	bu	bau	bei
Na	Ne	No	Nu	Nau	Nei
ka	ke	ko	ku	kau	kei
sche	scha	schu	scho	schei	schau
zel	zen	bel	ben	hel	hen

2

☐ Ella malt eine Zitrone.

☐ Ella malt ein Zebra.

☐ Ole ist in der Schule.

☐ Ole ist im Zoo.

☐ Lea mag Pilze.

☐ Ali mag Pilze.

1 Silbenteppich lesen
2 Sätze lesen, dem Bild passend zuordnen

1 Silben mit kurz gesprochenen
Vokalen in der letzten Zeile

Fibel, S. 64/65
Fö KV 50, 51, KV 50, 51, 52
LMH, S. 29, 30
MK Lesen 12, 54

Schwierige Wörter schreiben Ⓜ

1

Dr
- ache — *Drache*
- omedar —

Tr
- ompete —
- ampolin —

Kl
- eber —
- eider —

2

Tr

Dr

Kr

---

① rechtschriftlich schwierige Wörter
zusammensetzen und verschriften

② Konsonantenhäufung Bildern zuordnen

RS, S. 9–11
Fö KV 55, KV 55

Wörter mit nicht hörbarem h kennen

Lautlos schleiche ich heran, da man mich nicht hören kann.

Das musst du dir merken!

1

die Bahn

das Huhn

der Zahn

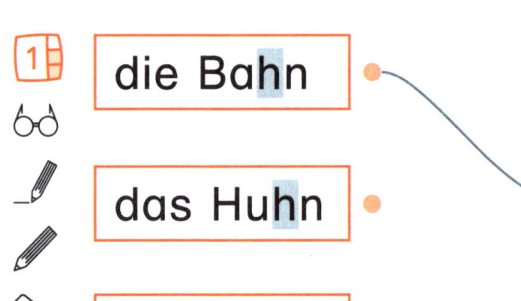

die Bahn

2

Zehn Kinder fahren Bahn.

Zehn

---

1 Wort einem Bild zuordnen, verschriften, Dehnungs-h markieren

2 Satz schreiben, alle Dehnungs-h markieren

Fö KV 56, KV 56

1

Kino

Besen

Ella malt ein Herz.

Ich kann Wörter und Sätze in Linien schreiben. ☺ 😐

2

Z z Ein Zebra mag Pizza mit Pilzen.

Au au Die Maus schaut aus dem Haus heraus.

Ich kann Buchstaben in einem Wort wiederfinden. ☺ 😐

3

K
k

Ich kann Laute in einem Wort hören. ☺ 😐

1 Wörter/Satz in Lineatur schreiben
2 Buchstaben visuell diskriminieren
3 Position des Lautes K k auditiv analysieren

2 einzelne Wörter/Text lesen

Das kann ich, S. 12, 13
LSTE 5
C

23

Das kann ich!

1

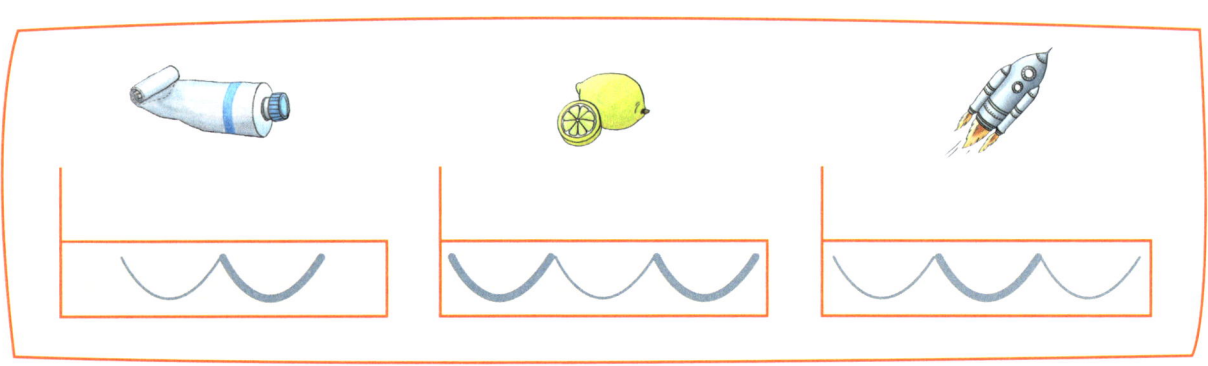

Ich kann Wörter schwingen und Silben schreiben.

2

die Maus

das

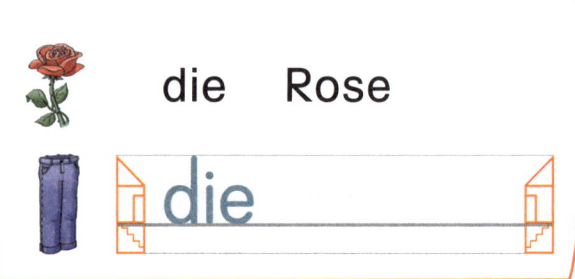

die Rose

die

das Tuch

das

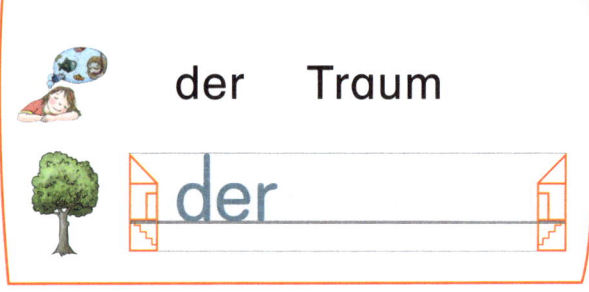

der Traum

der

Ich kann Reimwörter finden.

3

☐ Rabea ist im Bett.

☐ Rabea baut ein Bett.

Ich kann Sätze lesen und verstehen.

24

1 Anzahl der Silben schwingen
2 Reimwörter finden, verschriften
3 Sätze lesen, dem Bild passend zuordnen

1 Vokale/Silben verschriften

Das kann ich, S. 12, 13
LSTE 5

1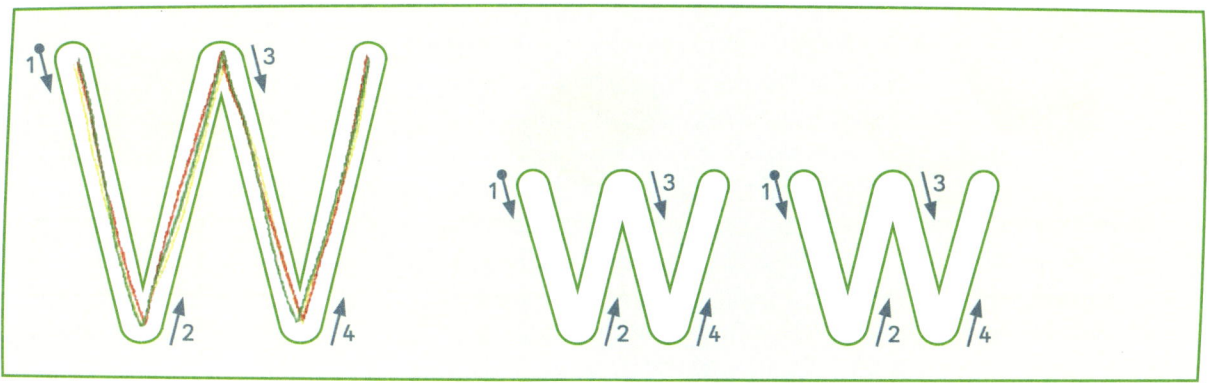

2

W W   W

w w   w

W w   W w

W w   W w

Wale

wo

weit

3 Im (W)ald (w)aren wilde Wildschweine.
Willi war im Wald.
Willi mag wilde Wellen.

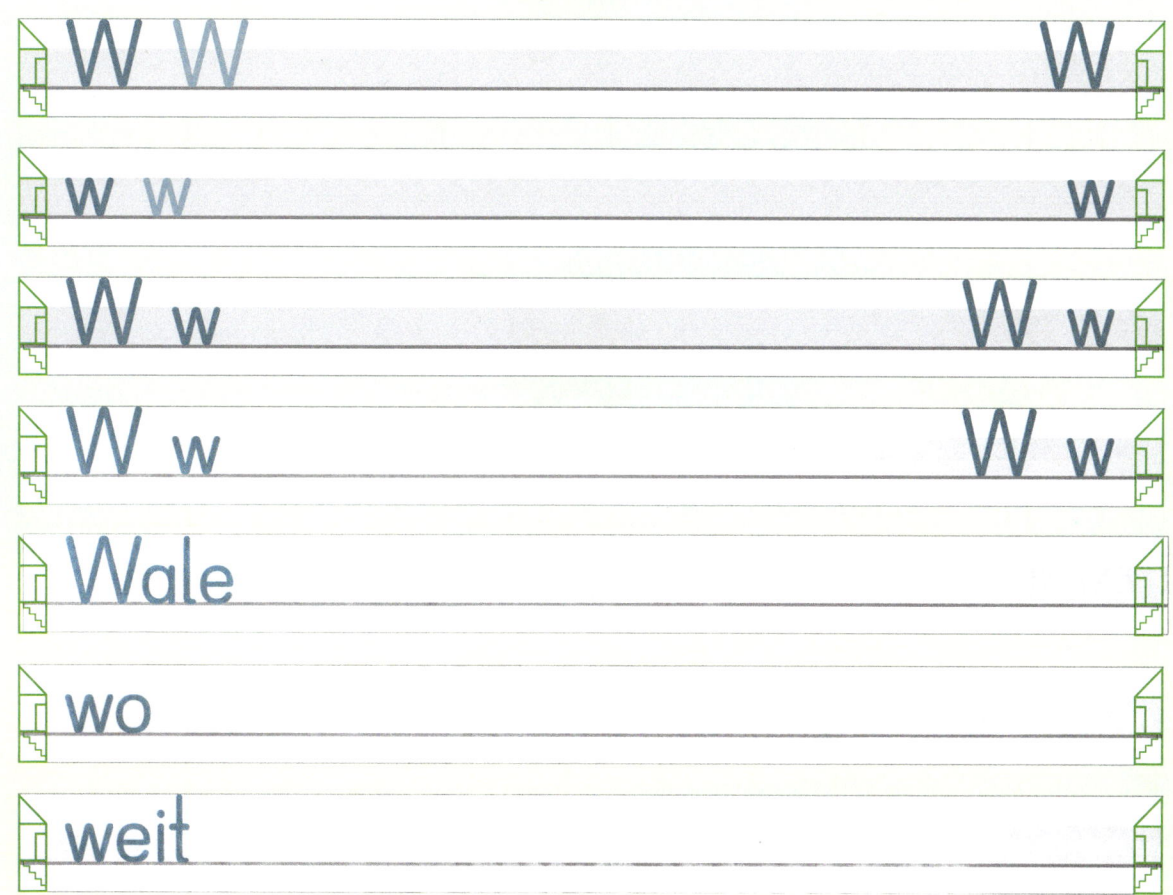

1 den Buchstaben W w nachspuren
2 den Buchstaben W w und Wörter schreiben
3 den Buchstaben W w visuell diskriminieren

1 Handzeichen verwenden
3 einzelne Wörter / Text lesen

Fibel, S. 70/71

25

1

✕	

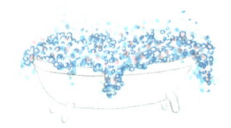

2

~~KIWI~~
WALD
WOLKE
WOLF
WASSER
WALE

H	X	K	I	W	I	L
O	W	O	L	K	E	R
H	C	A	W	A	L	D
S	S	W	A	L	E	H
O	W	A	S	S	E	R
E	W	O	L	F	L	M

1 Position des Lautes W w auditiv analysieren

2 Wörter im Rätsel finden, markieren

Fibel, S. 70/71
Fö KV 58, KV 58

Wale

Im Wald

---

1 Anzahl der Silben schwingen, Vokale / Silben
  der dick gedruckten Silbenbögen verschriften
2 Freies Schreiben mit der Anlauttabelle

1 Silben / Wörter verschriften
2 Wörter / Texte auf individuellem
  Niveau verfassen

Fibel, S. 70/71
Fö KV 60

27

1

wa	we	wi	wo	wu	wau
ba	be	bi	bo	bu	bau
Za	Ze	Zi	Zo	Zu	Zau
was	wel	wil	wol	zen	zel

2

☐ Die Kinder sind im Wasser.

☒ Die Kinder sind unter der Weide.

☐ Im Wasser sind Schiffe.

☐ Im Wasser sind Wale.

3

Ein Wildschwein ist •   • im Wasser.

Viele Wale sind •   • im Wald.

Eine Amsel ist •   • auf einem Ast.

1 Silbenteppich lesen
2 Sätze lesen, dem Bild passend zuordnen
3 Sätze passend verbinden

1 Silben mit kurz gesprochenen Vokalen in der letzten Zeile

Fibel, S. 70/71
MK Lesen 29, 33, LMH, S. 31

G g

1

2

G G   G

g g   g

G g   G g

G g   G g

Geige

gut

3 Eine gelbe Giraffe und ein Gnu
gehen im Gras.
Der Tiger findet im Regenwald
einen Papagei. Der Regen ist gut.

1 den Buchstaben G g nachspuren
2 den Buchstaben G g und Wörter schreiben
3 den Buchstaben G g visuell diskriminieren

1 Handzeichen verwenden
3 einzelne Wörter/Text lesen

Fibel, S. 72/73
KV 60

29

1

[Gabel] ☒

[Igel]

[Garten]

[Augen]

[Ziege]

[Regal]

[Nagel]

[Bügel]

[Vogel]

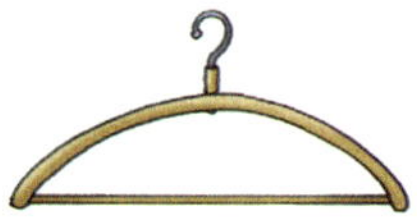

2

NAGEL

GURKE

GRAS

GANS

ENTE

IGEL

N	A	G	E	L

Schreibe in jedes Feld einen Buchstaben.

Lösung: G

1 Position des Lautes G g auditiv analysieren
2 Wörter im Rätsel passend eintragen, Lösung aufschreiben

Fibel, S. 72/73
Fö KV 59, KV 59

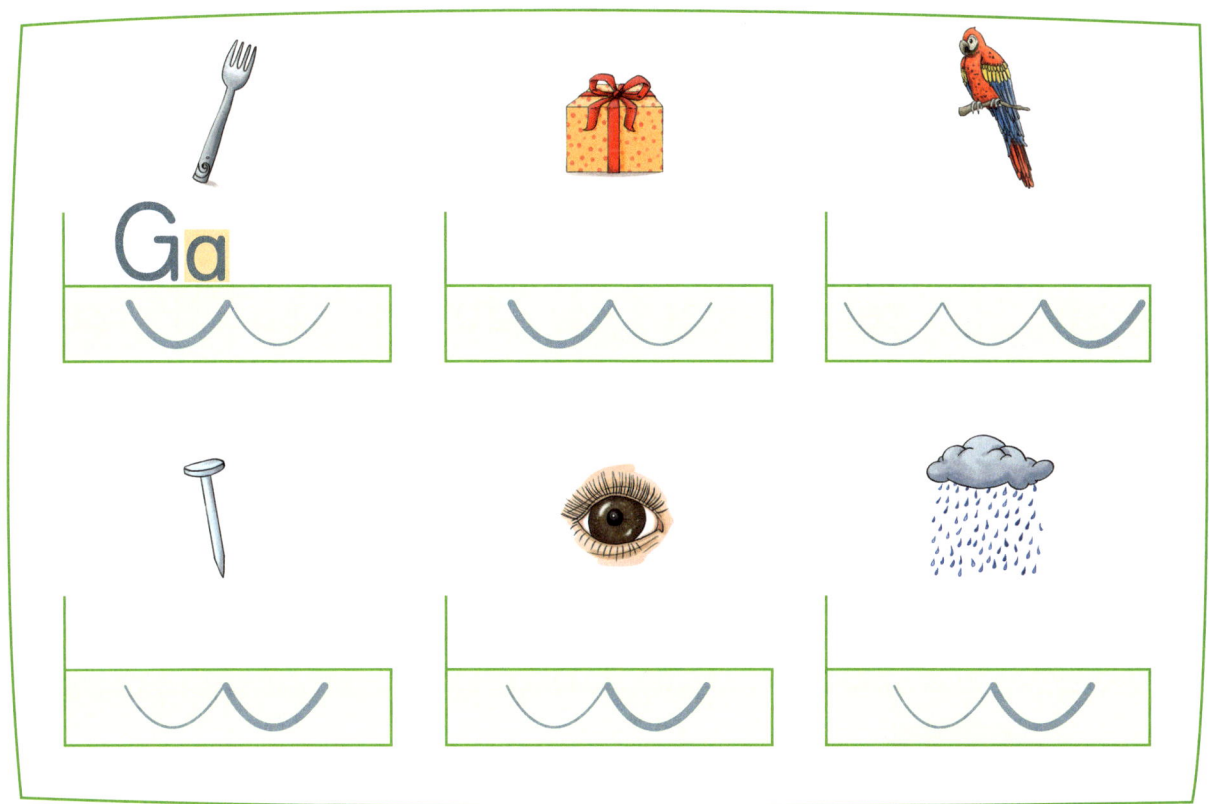

Ga

2

Es regnet und hagelt.

Es regnet und hagelt.

Das Gras ist nass.

Wir gehen in den Garten.

1 Anzahl der Silben schwingen, Vokale/Silben
der dick gedruckten Silbenbögen verschriften
2 Sätze in Lineatur schreiben

1 Silben/Wörter verschriften

Fibel, S. 72/73
MK Silben 17, Lesen 13

31

ga	ge	gi	go	gu	gei
Wa	We	Wi	Wo	Wu	Wei
za	ze	zi	zo	zu	zei
ba	be	bi	bo	bu	bei
gel	wel	zel	bel	del	hel

☐ Der Igel ist im Garten.

☐ Der Igel ist auf dem Weg.

☐ Am Weg sind Blumen.

☐ Am Weg ist eine Gans.

Ein Regenbogen ist •   • eine Amsel.

Eine Gans frisst •   • am Himmel.

Im Baum ist •   • eine Blume.

1 Silbenteppich lesen
2 Sätze lesen, dem Bild passend zuordnen
3 Sätze passend verbinden

1 Silben mit kurz gesprochenen Vokalen in der letzten Zeile

Fibel, S. 72/73, Fö KV 66,
KV 66, LMH, S. 32
MK Lesen 30, 34, 55

Pf pf

1

2

Pf Pf	Pf
pf pf	pf
Pf pf	Pf pf
Pf pf	Pf pf
Pfeil	
pfeifen	

3 Das Nilpferd frisst keine Pflaumen.

Pferde fressen gerne Äpfel.

Pfadfinder finden Pfade
im Sumpf.

1

2

PFERD
~~APFEL~~
PFANNE
TOPF
PFOTE
KOPF

M	A	PF	E	L	S	I
T	S	PF	E	R	D	M
B	F	T	O	PF	M	M
PF	O	T	E	S	W	U
O	K	O	PF	B	A	S
M	L	PF	A	N	N	E

1 Position des Lautes Pf pf auditiv analysieren
2 Wörter im Rätsel finden, markieren

Fibel, S. 74/75

1

Pferde · Nil erd · _eife

Ko___ · ___eile · To___

2

Mein ♥-Tier

1

pfa	pfe	pfi	pfo	pfu	pfau
ga	ge	gi	go	gu	gau
wa	we	wi	wo	wu	wau
Za	Ze	Zi	Zo	Zu	Zau
wol	zim	zel	wat	wun	gum

2

☐ Das Pferd ist auf dem Hof.

☐ Das Pferd ist auf der Weide.

☐ Auf dem Pferd ist ein Reiter.

☐ Auf dem Herd ist ein Topf.

3

Ein Reiter kommt • • seine Federn.

Im Garten ist • • mit seinem Pferd.

Der Pfau zeigt • • ein Apfelbaum.

36

1 Silbenteppich lesen
2 Sätze lesen, dem Bild passend zuordnen
3 Sätze passend verbinden

1 Silben mit kurz gesprochenen Vokalen in der letzten Zeile

Fibel, S. 74/75
Fö KV 61, KV 61, LMH, S. 33,
MK Lesen 31, 35, 65

1

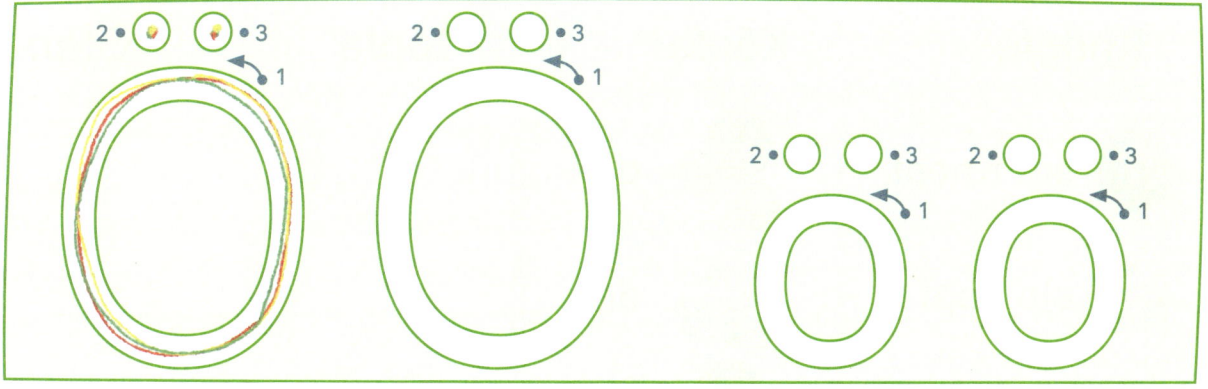

2 • 3   2 • 3

2

Ö Ö   Ö

Ö ö   ö

Ö ö   Ö ö

Öl

böse

Flöte

3

Lö

---

1 den Buchstaben Ö ö nachspuren
2 den Buchstaben Ö ö und Wörter schreiben
3 Anzahl der Silben schwingen

1 Handzeichen verwenden
3 Vokal / Silben verschriften

Fibel, S. 76/77

37

1

~~Knöpfe~~   Köpfe   Töpfe   Öfen

ein Knopf –  drei Knöpfe

ein Topf –  drei

ein Kopf –  drei

ein Ofen –  drei

2

☐ Zwölf Frösche sind auf dem Rasen.

☐ Zwölf Frösche sind im See.

☐ Der Löwe hat eine Flöte.

☐ Die Königin hat eine Flöte.

3

Die Königin lebt •   • braune Haut.

Frösche leben •   • im Schloss.

Die Kröte hat •   • im Teich.

1 Plural passend zuordnen und schreiben

2 Sätze lesen, dem Bild passend zuordnen

3 Sätze passend verbinden

Fibel, S. ~~76/77~~
Fö KV 69, KV 69
MK Lesen 66, LMH, S. 34

1

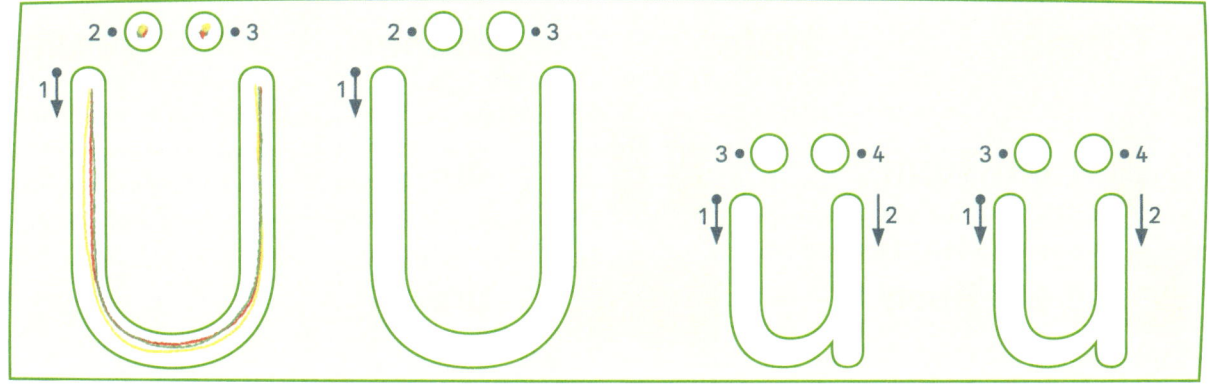

2

Ü Ü   Ü

ü ü   ü

Ü ü   Ü ü

Ü ü   Ü ü

Tüte

üben

3

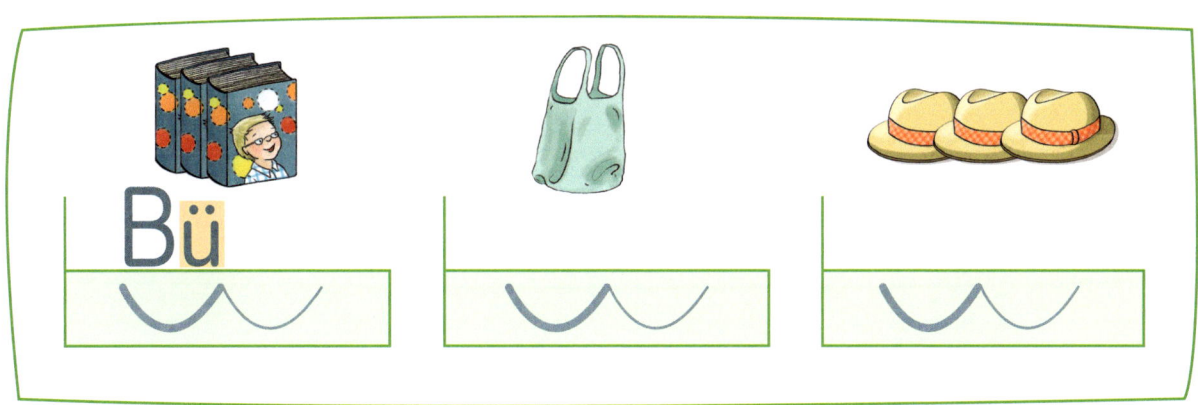

Bü

---

1 den Buchstaben Ü ü nachspuren   1 Handzeichen verwenden   Fibel, S. 76/77
2 den Buchstaben Ü ü und Wörter schreiben   3 Vokal/Silben verschriften   MK Silben 18, Lesen 15
3 Anzahl der Silben schwingen

39

Türme	Hüte	Bücher	Nüsse

 ein Turm –  drei **Türme**

 ein Buch –  drei _____

 ein Hut –  drei _____

 eine Nuss –  drei _____

Der Löwenzahn

Der Löwenzahn ist grün.

Blatt für Blatt ist grün.

Die Blüte ist gelb.

Die Samen sind grau.

Das Gras ist grün.

Auf einem Blatt
ist eine Hummel.

Male.

1 Plural passend zuordnen und schreiben
2 Text sinnerfassend lesen und
fehlende Elemente im Bild ergänzen

Fibel, S. 76/77, Fö KV 62, 69, 70
MK Lesen 32, 36, 56, 67
LMH, S. 35

Eu eu

Eu Eu   Eu

eu eu   eu

Eu eu   Eu eu

Eu eu   Eu eu

Eule

neu

3 Heute hat Eugen eine Eule getroffen.
Die Eule war in einer Scheune.
In der Nacht suchen neun Eulen
nach Beute.

1 die Buchstaben Eu eu nachspuren
2 die Buchstaben Eu eu und Wörter schreiben
3 die Buchstaben Eu eu visuell diskriminieren

1 Handzeichen verwenden
3 einzelne Wörter / Text lesen

Fibel, S. 78/79

41

1

$\times$	

2

~~EURO~~

BEULE

LEUTE

TEUFEL

HEU

FLUGZEUG

EULE

D	EU	R	O	X	Ü	L
W	H	EU	D	O	G	W
L	EU	L	E	M	N	A
U	T	L	EU	T	E	G
T	EU	F	E	L	F	L
F	L	U	G	Z	EU	G
D	E	B	EU	L	E	W

---

1 Position des Lautes Eu eu auditiv analysieren

2 Wörter im Rätsel finden, markieren

Fibel, S. 78/79
Fö KV 63, KV 63

Eu

Die Kinder sehen eine Eule.

Die Kinder

Die Eule ist im Baum.

Im Wald sind Leute.

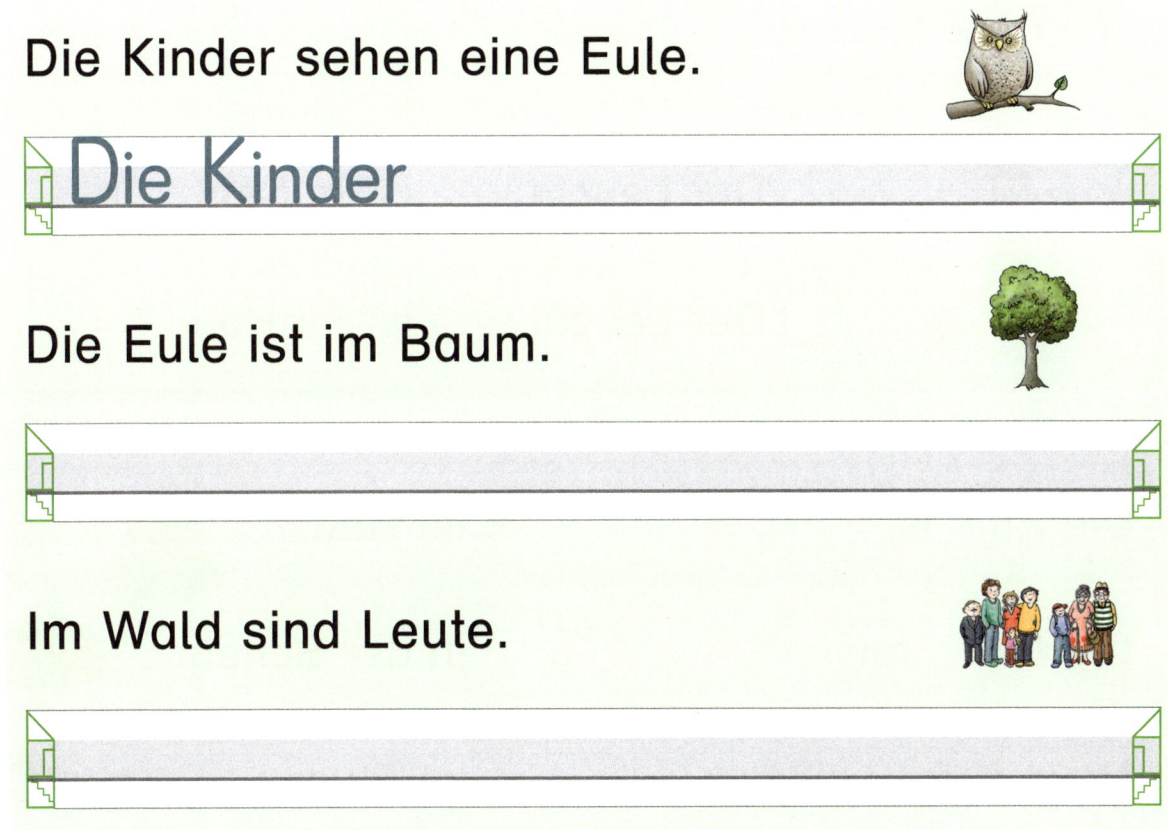

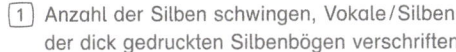

1 Anzahl der Silben schwingen, Vokale/Silben
   der dick gedruckten Silbenbögen verschriften

2 Sätze in Lineatur schreiben

1 Silben/Wörter verschriften

Fibel, S. 78/79
Fö KV 63, 65, KV 63, 65
MK Silben 19, Lesen 16

43

1

mö	mü	mau	mei	meu
Lö	Lü	Lau	Lei	Leu
nö	nü	nau	nei	neu
schö	schü	schau	schei	scheu
Gö	Gü	Gau	Gei	Geu

2

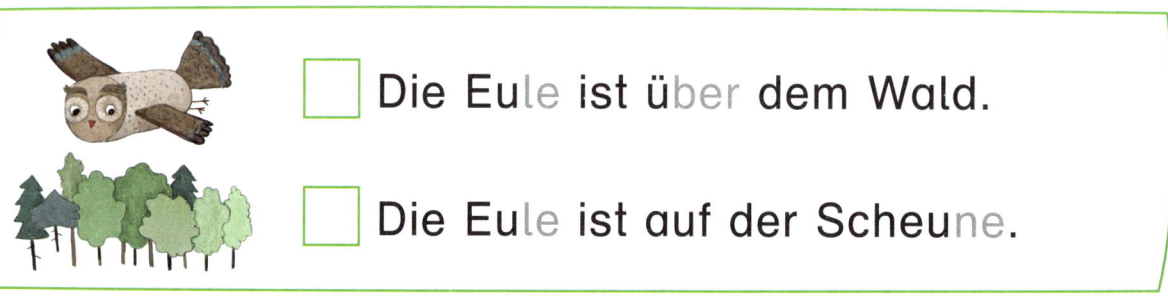
☐ Die Eule ist über dem Wald.

☐ Die Eule ist auf der Scheune.

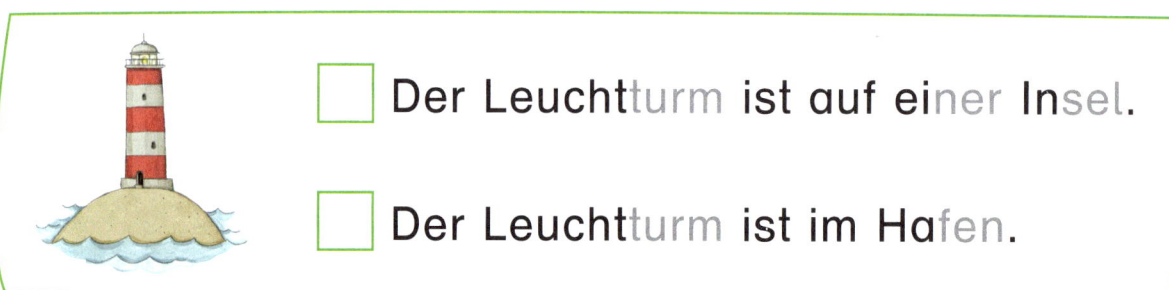
☐ Der Leuchtturm ist auf einer Insel.

☐ Der Leuchtturm ist im Hafen.

3

Die Eule ist • • im Heu.

Die Leute reisen • • in der Scheune.

Neun Kinder sind • • im Flugzeug.

44

1 Silbenteppich lesen
2 Sätze lesen, dem Bild passend zuordnen
3 Sätze passend verbinden

Fibel, S. 78/79, Fö KV 67, 68,
72, KV 67, 68, 72
LMH, S. 36–38
MK Lesen 37, 57, 68

Jede Silbe hat einen Stern.
Auch **Ö ö** und **Ü ü** sind Sterne.

Alle Selbstlaute kennen

1 ~~Löwe~~ König Möwe Tüte Hüte Bücher

Löwe

Jede Silbe hat einen Stern.
Auch **Ei ei**, **Au au** und **Eu eu** sind Sterne.

2 ~~Seife~~ Seile Maus tauchen Beule heulen

Seife

3 ü ö ei eu au

W_ü_rfel    G____ge    R____pe

Fl____te    L____we    F____er

Würfel

---

1 2 Wörter schreiben, Silben schwingen,
Vokale markieren
3 Vokale einsetzen, Wort schwingen, schreiben

RS, S. 8
Fö KV 64, 70, KV 64, 70
MK Silben 20–24

45

Ähnlich klingende Laute unterscheiden
(B/P, D/T und G/K)

Bei **P**, **T** und **K** spürst du einen kleinen Luftzug, wenn du gegen die Hand sprichst.

1

B oder P?

 das **B**uch    der **P**ilz

 die __olizei    die __anane

D oder T?

 das __ach   der __ino

 die __ube    die __asse

G oder K?

 die __abel    der __orb

 die __atze    die __ans

2

B		**Buch**	P		**P**
D			T		
G			K		

1 Buchstaben einsetzen

2 Wörter passend zum Bild verschriften

1 Handzeichen verwenden

Fö KV 71, KV 71

1

Wir gehen in den Wald.

Ella pflegt ein Pferd.

Die Eule sucht Beute.

Ich kann Sätze in Linien schreiben.

2

W
w

Pf
pf

Ich kann Laute in einem Wort hören.

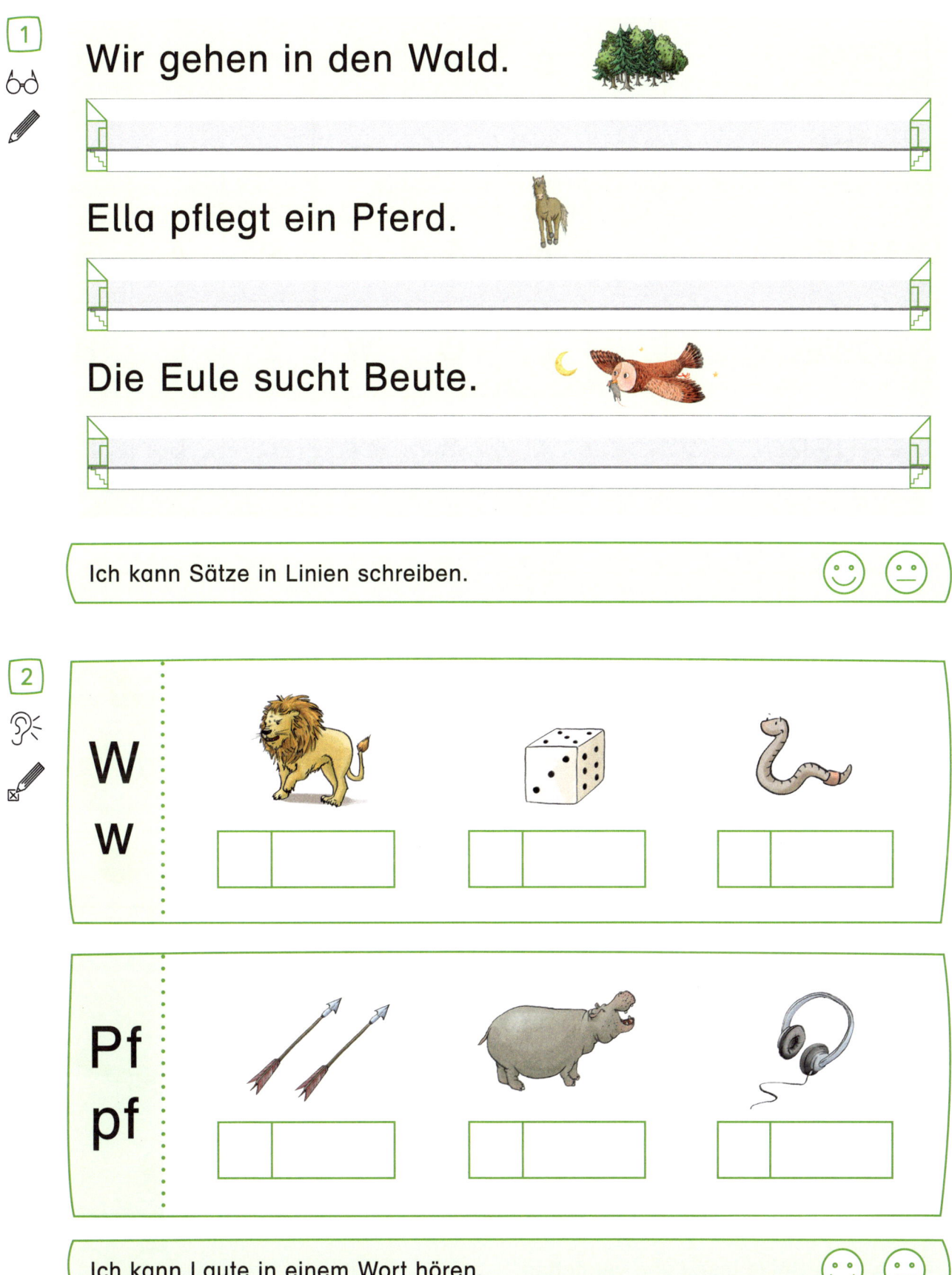

Das kann ich!

1

GRAS		B	H	Ü	T	E	P
HÜTE		F	EU	E	R	B	K
APFEL		A	P	G	R	A	S
LÖWE		L	Ö	W	E	L	H
FEUER		I	A	PF	E	L	B

Ich kann Wörter in einem Suchsel finden. 😊 😐

2

Ein Reiter reitet • • ein Regenbogen.

Am Baum ist • • auf seinem Pferd.

Am Himmel ist • • ein roter Apfel.

Ein Pilot reist • • Fleisch.

Auf dem Herd ist • • im Flugzeug.

Der Löwe mag • • ein Topf.

Ich kann Sätze lesen und verstehen.

 **J j**

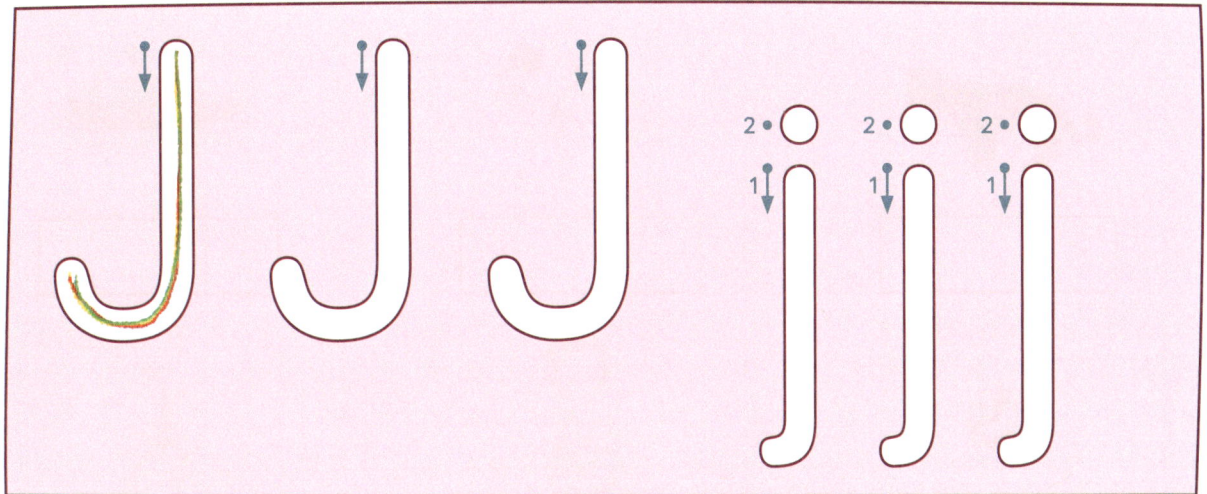

J J   J

j j   j

J j   J j

ja

jede

Japan

3 Im Januar jodelt der Jaguar
beim Judo.
Jan übt jeden Tag
Jo-Jo im Kajak.

1 den Buchstaben J j nachspuren
2 den Buchstaben J j und Wörter schreiben
3 den Buchstaben J j visuell diskriminieren

1 Handzeichen verwenden
3 einzelne Wörter/Text lesen

Fibel, S. 84/85
Fö KV 74

49

1

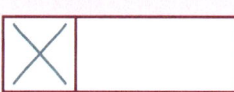

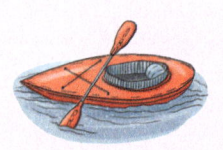

2

je	ji	jo	jau	jei	jeu
ja	je	ju	jau	jei	jo
ga	ge	gi	go	gu	gei
ge	gi	go	ga	gei	gau
Ge	Gi	Go	Ga	Gei	Gau

3

☐ Josef jodelt beim Judo.

☐ Josef ist an der Boje.

☐ Josef hat ein Kajak.

1 Position des Lautes J j auditiv analysieren

2 Silbenteppich lesen

3 Sätze lesen, dem Bild passend zuordnen

Fibel, S. 84/85

Fö KV 73, KV 73

LMH, S. 39, MK Lesen 28

1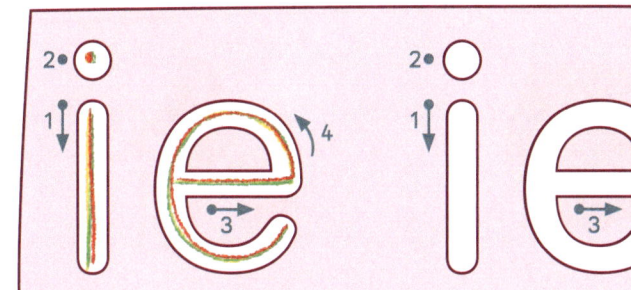

2

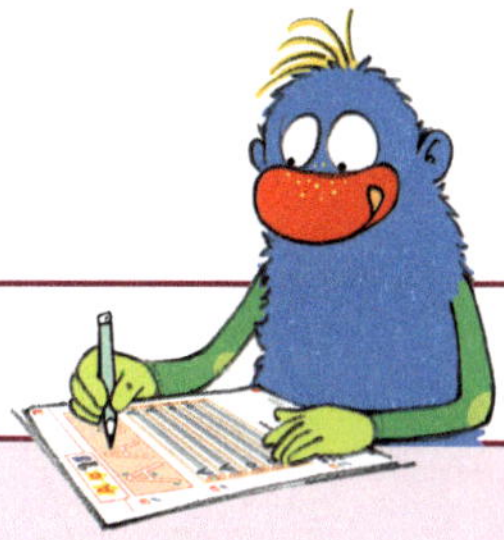

ie ie   ie

ie ie   ie

Tiere

Biene

Wiese

Riese

sieben

lieben

3 Sieben liebe Riesen liefen

mit sieben Stiefeln

tief ins Riesengebirge.

1 die Buchstaben ie nachspuren
2 die Buchstaben ie und Wörter schreiben
3 die Buchstaben ie visuell diskriminieren

3 einzelne Wörter/Text lesen

Fibel, S. 86

51

1

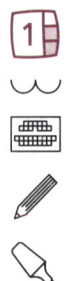

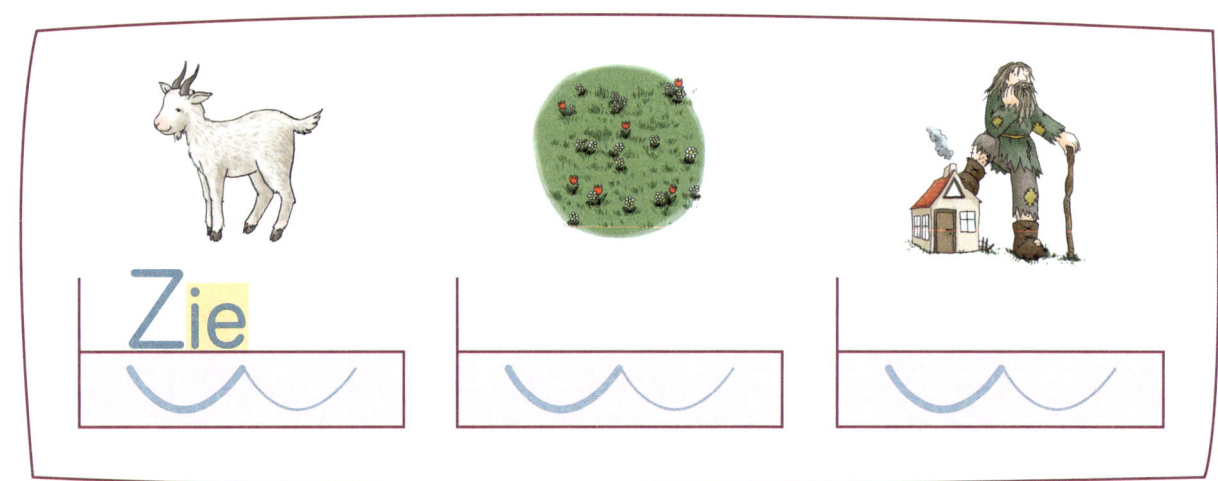

Zie

2

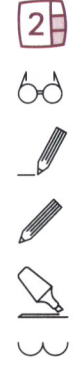

Wie — ge

Zie

Lie

Wiege

flie

lie — gen

3

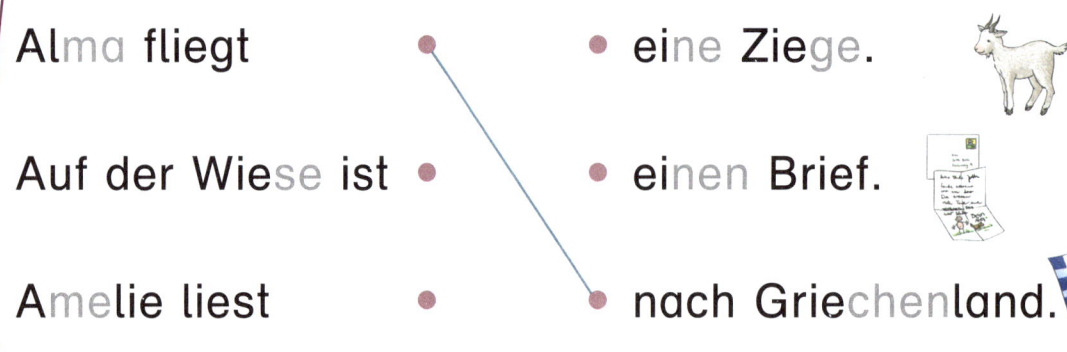

Alma fliegt • • eine Ziege.

Auf der Wiese ist • • einen Brief.

Amelie liest • • nach Griechenland.

1 Anzahl der Silben schwingen
2 Silben zu Wörtern verbinden und verschriften
3 Sätze passend verbinden

1 Vokale/Silben verschriften

Fibel, S. 86
LMH, S. 40, RS, S. 15
MK Lesen 39, 44

ß

1

2

β β β

β β β

Fuß

heißen

groß

weiß

3

Wei**ß**e Gei**ß**lein zer**b**ei**ß**en
hei**ß**e Klö**ß**e mit So**ß**e.
Ich wei**ß**, das ist gro**ß**er Unsinn.

1 den Buchstaben ß nachspuren
2 den Buchstaben ß und Wörter schreiben
3 den Buchstaben ß visuell diskriminieren

3 einzelne Wörter / Text lesen

Fibel, S. 87
Fö KV 74

53

1

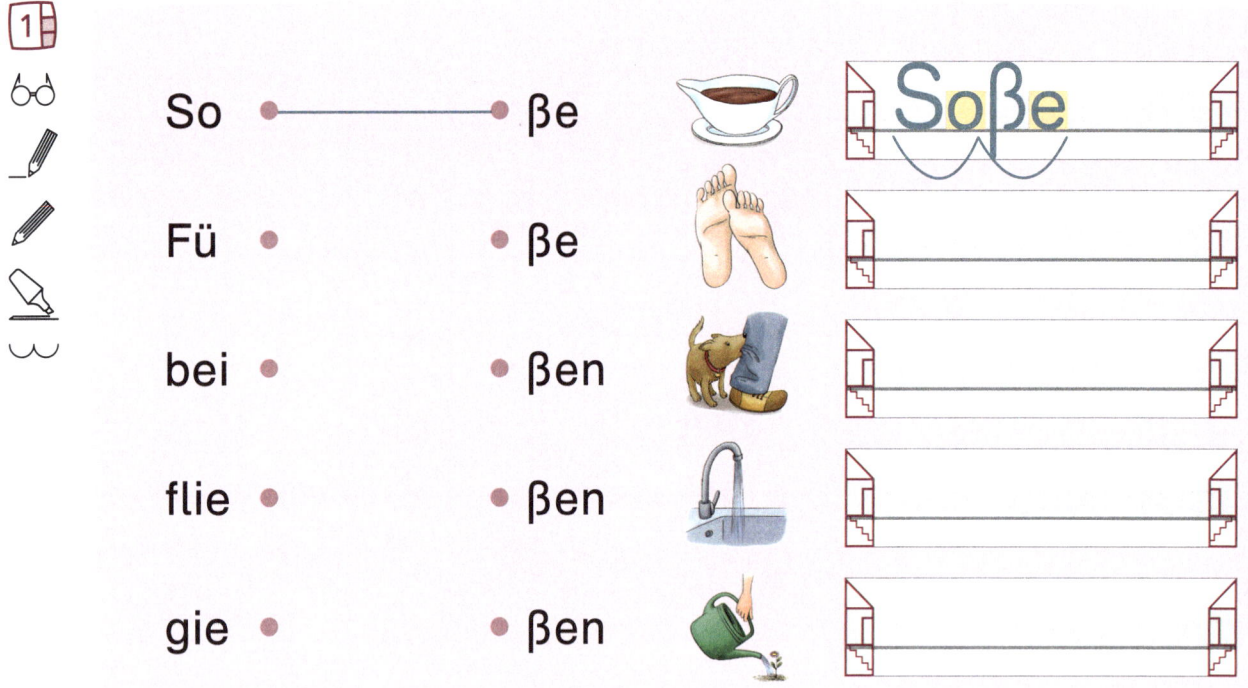

So •————————• ße   Soße

Fü •   • ße

bei •   • ßen

flie •   • ßen

gie •   • ßen

2

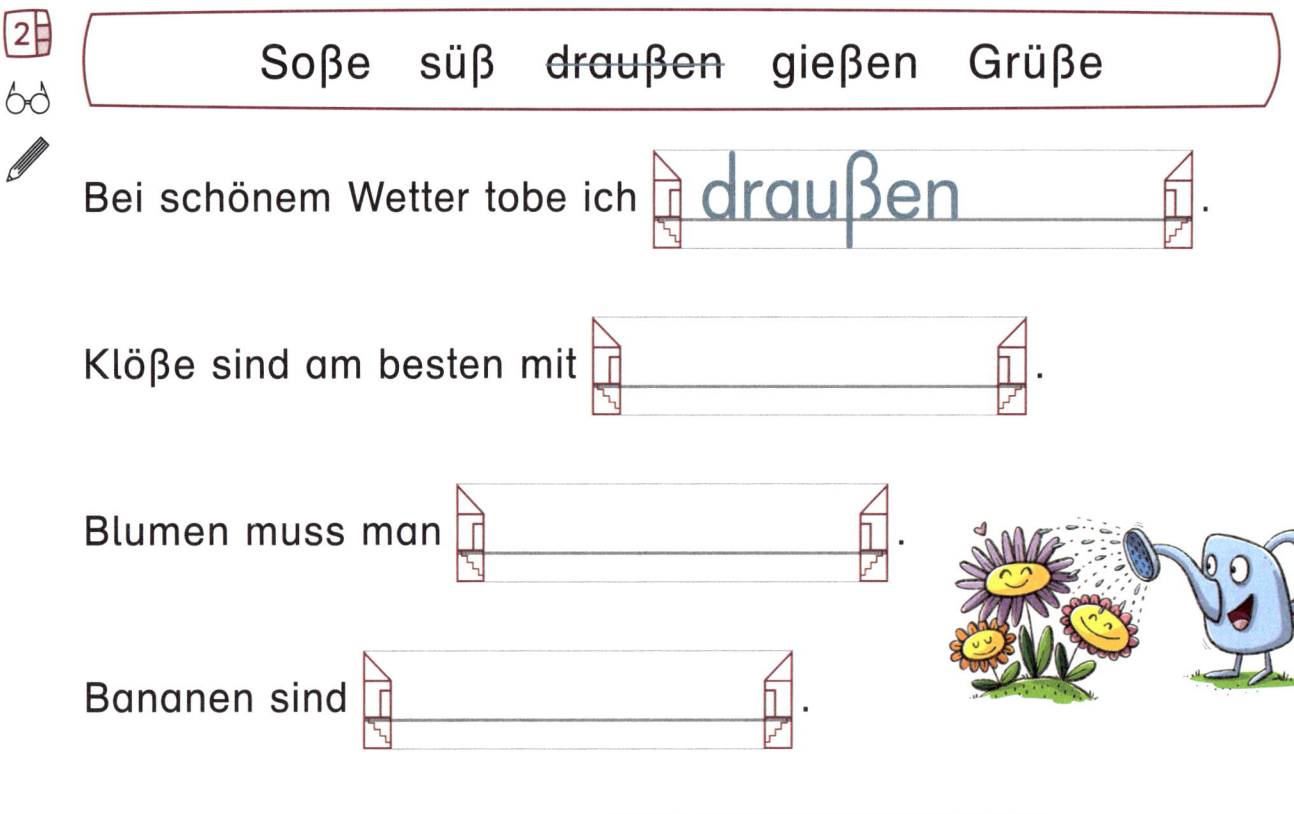

Soße   süß   ~~draußen~~   gießen   Grüße

Bei schönem Wetter tobe ich   draußen .

Klöße sind am besten mit   .

Blumen muss man   .

Bananen sind   .

Aus dem Urlaub sende ich   .

1 Silben zu Wörtern verbinden, verschriften,
Silben schwingen, Vokale markieren
2 Sätze lesen und Wörter passend einsetzen

Fibel, S. 87, Fö KV 75, KV 75
LMH, S. 41, RS, S. 16
MK Lesen 58, 69

Sp sp

1

2

Sp Sp		Sp
sp sp		sp
spielen		
sparen		
Spaß		
Sport		

3 Nach dem Spuken speisen
die Gespenster Spaghetti.
Die Gespenster sprechen
Spanisch zum Spaß.

1 die Buchstaben Sp sp nachspuren
2 die Buchstaben Sp sp und Wörter schreiben
3 die Buchstaben Sp sp visuell diskriminieren

3 einzelne Wörter/Text lesen

Fibel, S. 88

55

Sp sp

1

Spa •————————————• ten

Spie •   • gel

Spa •   • gat

Spie •   • le

Spaten

2

spa	spe	spie	spo	spu	spei
Spa	Spe	Spie	Spo	Spu	Spei
ja	je	jie	jo	ju	jei
ga	ge	gie	go	gu	gei

3

| Spiel | spuken | Gespenster |

Ella und Ali spielen ein   .

Sie sind   .

Sie   .

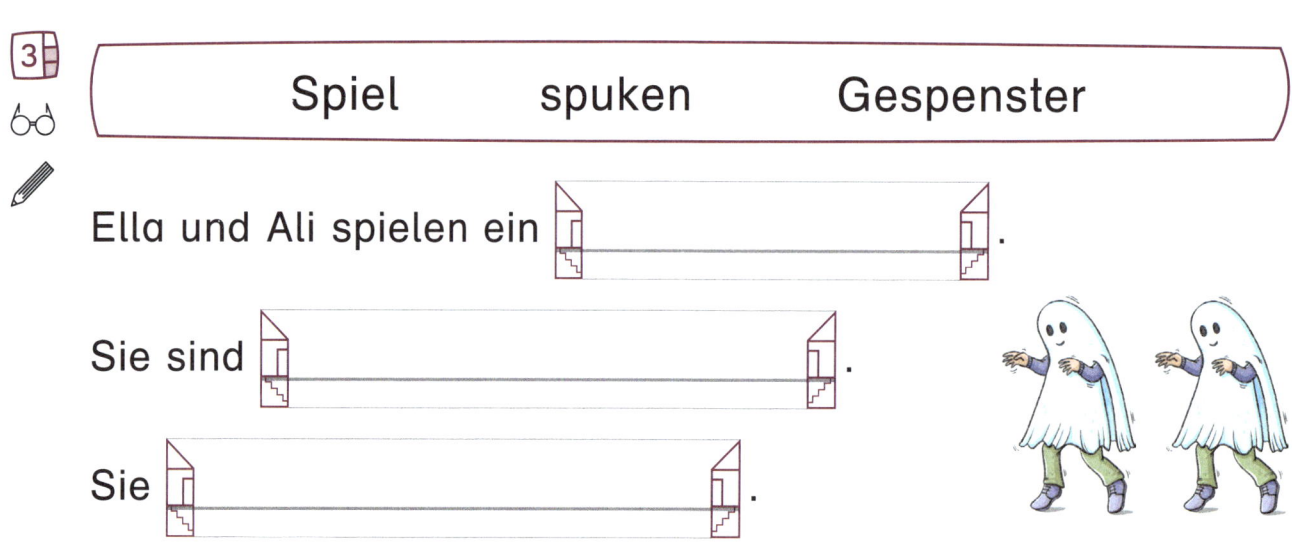

1 Silben zu Wörtern verbinden, verschriften

2 Silbenteppich lesen

3 Text lesen, Wörter passend einsetzen

Fibel, S. 88
Fö KV 76–78, KV 76–78
LMH, S. 42

St st

1

S t   s t   s t

2

St St   St

st st   st

Steine

Straße

Stifte

streiten

stark

3 Starke Kinder stehen nicht stundenlang
im Stau. Sie streifen lieber
durch die Stadt und
streiten sich um Strümpfe.

1 St oder Sp?

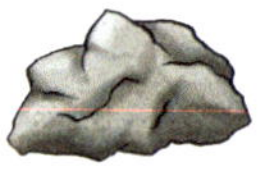

der __St__ ein   der ____ift

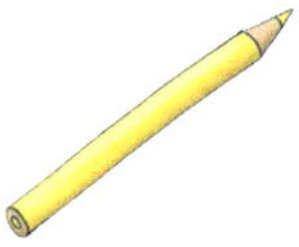

der __Sp__ iegel   das ____iel

der ____ern   die ____irale

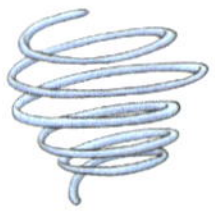

der ____inat   der ____achel

Sp 	**St** 
der Spiegel	der Stein

1 den Anlaut Sp oder St einsetzen und
die Wörter entsprechend in der Tabelle
verschriften

Fibel, S. 89
FÖ LV 70, LV 70, LMU, 9, 42
MK Lesen 48, 59, 61

Qu qu

1

2

Qu Qu   Qu

qu qu   qu

Quiesel

Qualle

quaken

quasseln

3 Quiesel quasselt bequem

mit bunten Quallen

in einem großen Aquarium.

1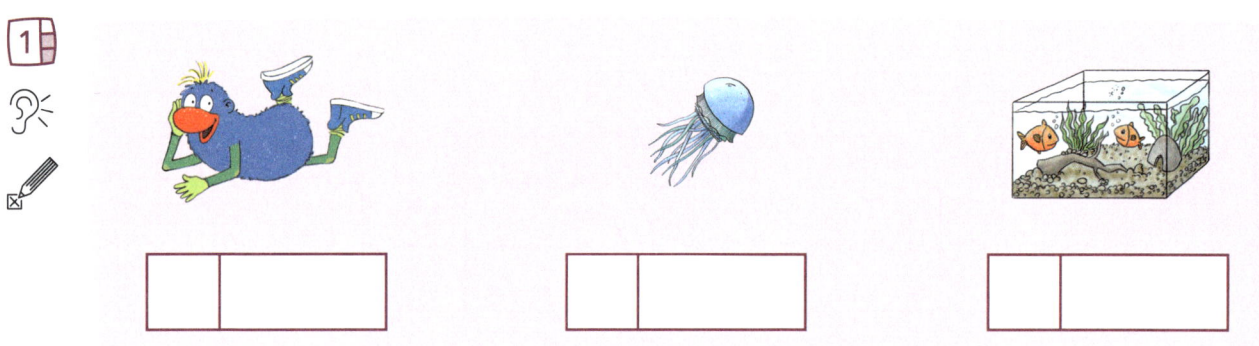

2

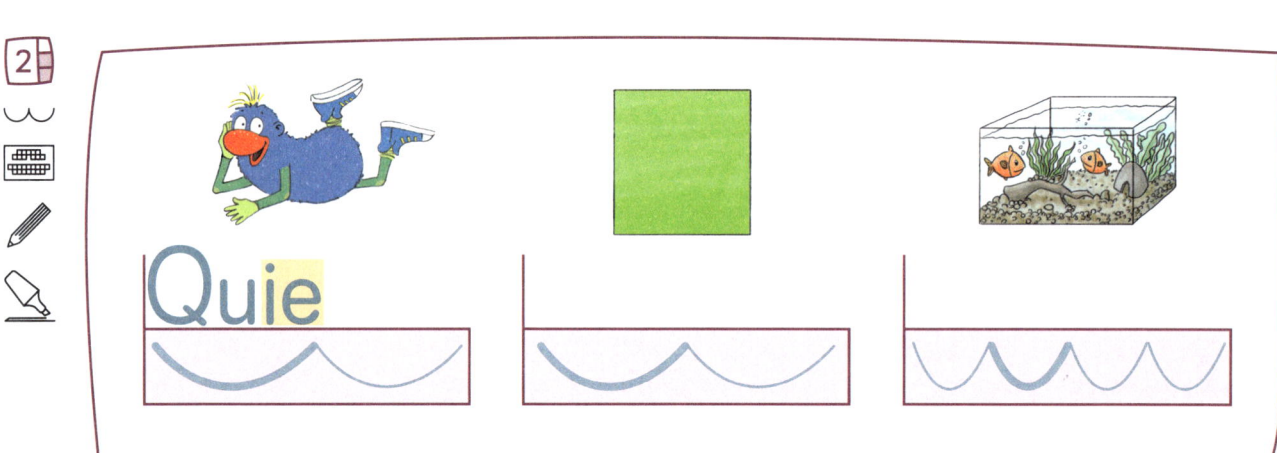

Quie

3

| quakt | Quallen | Quentin | Aquarium |

Quiesel steht am _____ .

Er quasselt mit den _____ .

Der Frosch _____ .

Es ist _____ .

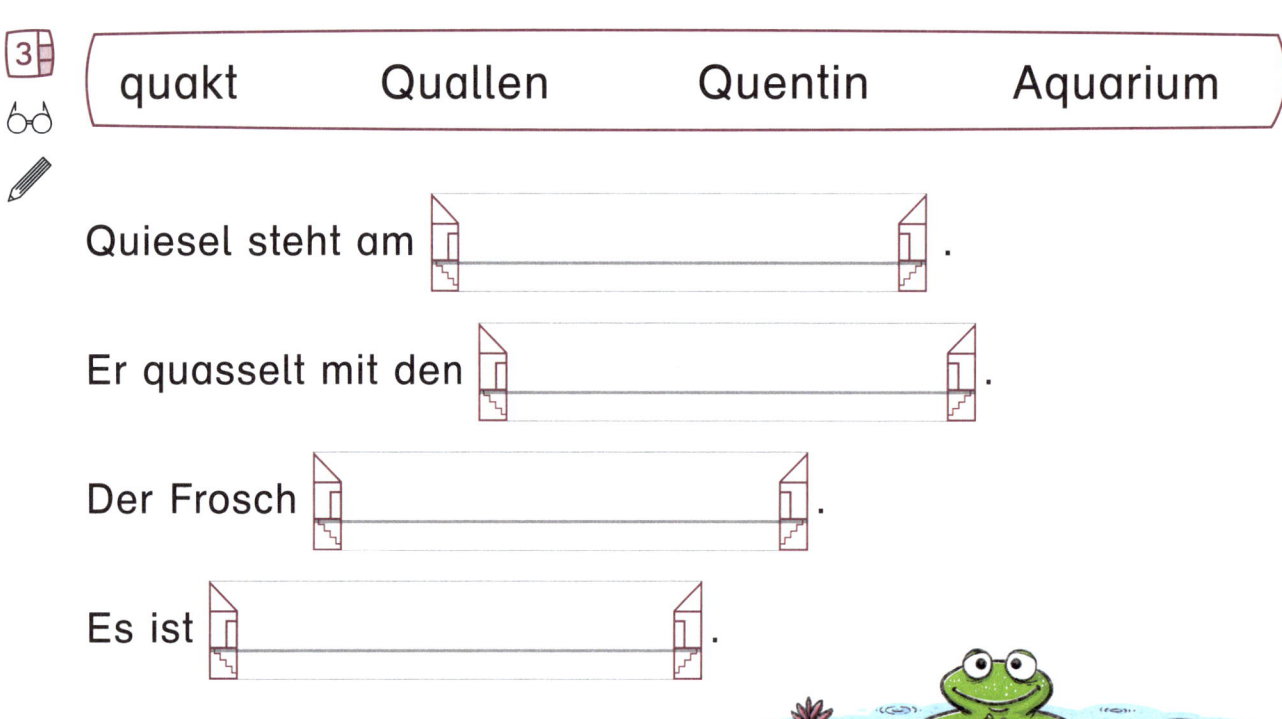

1 Position des Lautes Qu qu auditiv analysieren
2 Anzahl der Silben schwingen
3 Text lesen und Wörter passend einsetzen

2 Vokale / Silben verschriften

Fibel, S. 90/91
Fö KV 70, 86, KV 70, 86
LMH, S. 44, MK Lesen 40

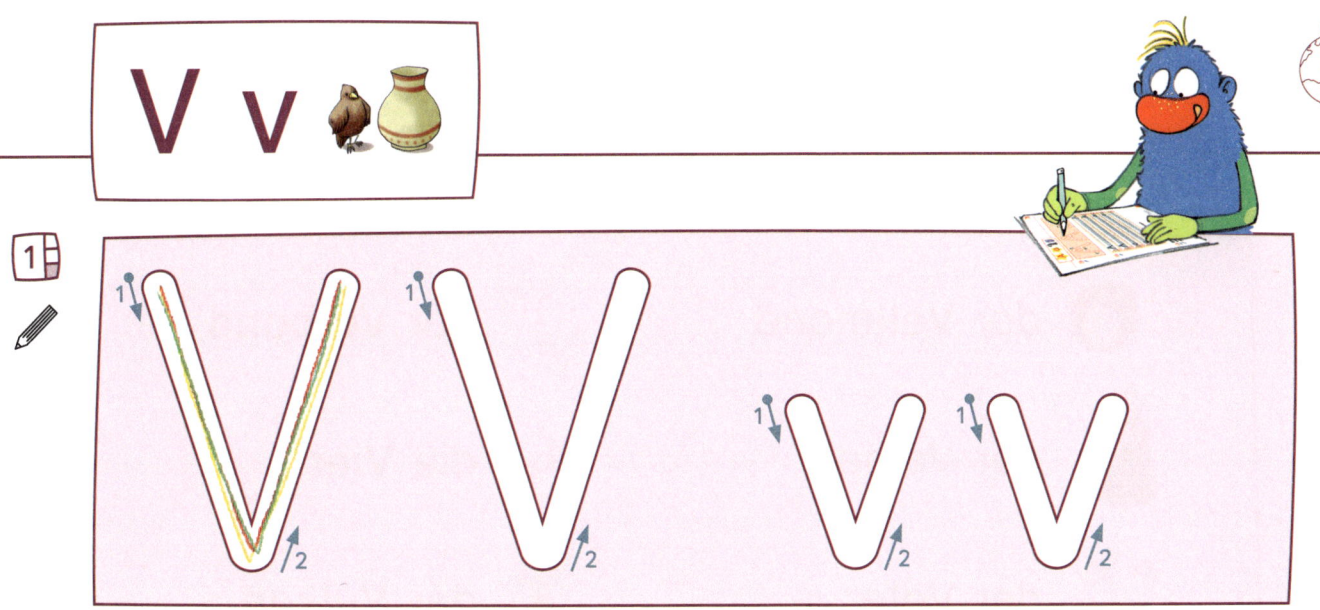

V v

1 den Buchstaben V v nachspuren

2

V V   V

v v   v

Vulkan

von

viel

3

Vo	•	•	kan	der
Vul	•	•	gel	der Vogel
Va	•	•	pir	der
Vam	•	•	ter	der

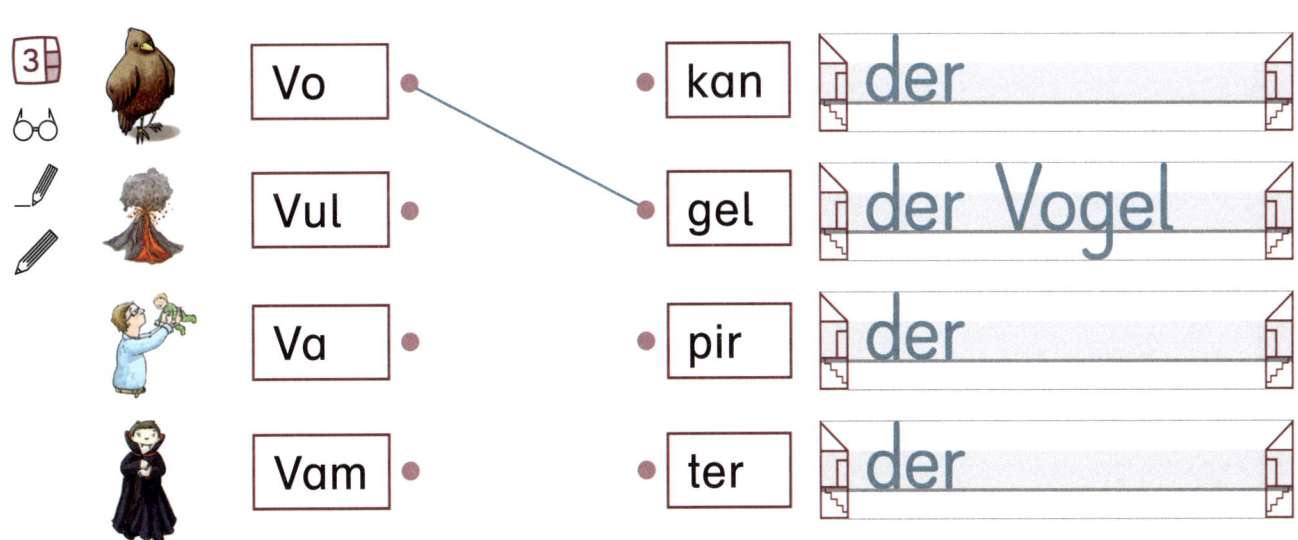

1

der Vollmond

der Verband

der Vampir

die Vier

der Vater

der Vulkan

die Vase

die Villa

V klingt wie in 	V klingt wie in 
der Vollmond	der Vampir

2

Auf der Wiese blühen •

• viele Vögel.

Am Wald ist •

• schöne Veilchen.

Am Himmel fliegen •

• eine Villa.

1 Wörter mit V v entsprechend
der beiden Lautqualitäten ordnen

2 Sätze passend verbinden

Fibel, S. 92/93, Fö KV 80–85
KV 80–85, LMH, S. 45, 46
MK Lesen 45, 49, 60, 70

Wörter mit Sp sp, St st und Qu qu schreiben Ⓜ

> Wenn du Schp hörst,
> schreibst du **Sp sp** wie bei .

1

Spie

2

> Wenn du Scht hörst,
> schreibst du **St st** wie bei .

Stei

3

> Wenn du Kw hörst,
> schreibst du **Qu qu** wie bei .

Qua

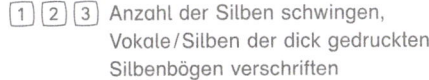 Anzahl der Silben schwingen,
Vokale / Silben der dick gedruckten
Silbenbögen verschriften

[1] [2] [3] Silben / Wörter
verschriften

RS, S. 12–14
Fö KV 76, 79, KV 76, 79

63

Wörter mit V v schreiben M

Hörst du F oder W, schreibst du manchmal **V v** . Diese Wörter musst du dir merken!

1

Va

2

 ~~Vollmond~~

 Vogel

 ~~Pullover~~

 Vater

 Vampir

 Vase

V klingt wie

V klingt wie

Vollmond

Pullover

1 Anzahl der Silben schwingen
2 Wörter mit V v entsprechend der beiden Lautqualitäten ordnen

1 Vokale / Silben / Wörter verschriften

RS, S. 17
Fö KV 80, 81 KV 80, 81

1

Biene   **viele**

Quiesel spielt jeden Tag mit Steinen.

| Ich kann Wörter und Sätze in Linien schreiben. | ☺ | 😐 |

2

(St st) **Die Stechmücken im Stadtpark stechen.**

(V v) **Vater Vampir verstimmt das Klavier.**

| Ich kann Buchstaben in einem Wort wiederfinden. | ☺ | 😐 |

3

Qu
qu

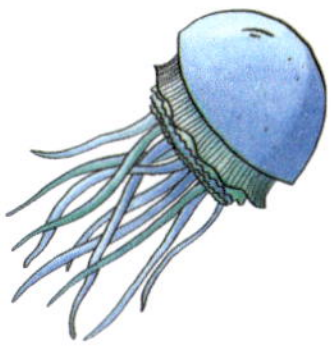

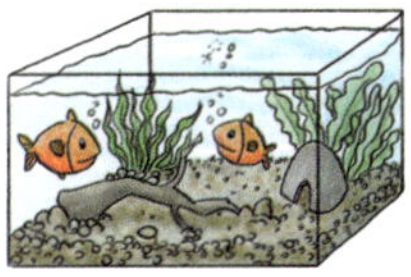

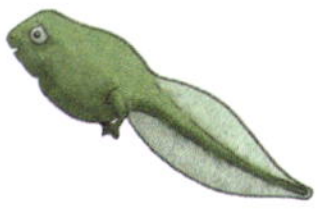

| Ich kann Laute in einem Wort hören. | ☺ | 😐 |

Das kann ich!

1

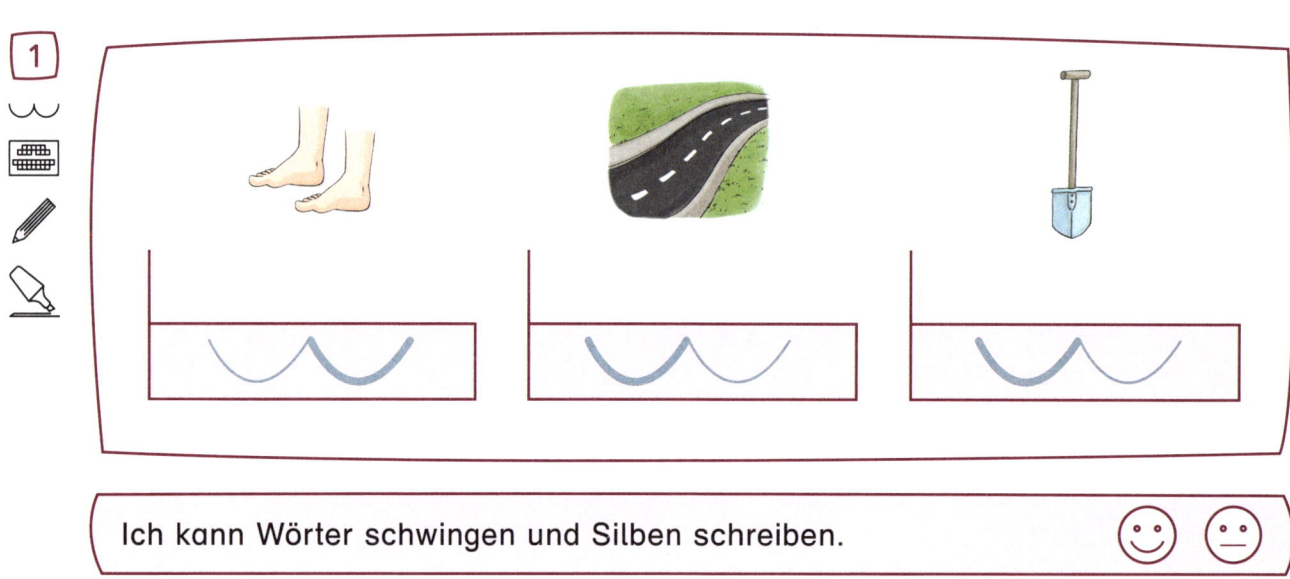

Ich kann Wörter schwingen und Silben schreiben. ☺ ☺

2

Am Himmel leuchten •   • über den Vulkan.

Vier Vögel fliegen •   • viele Sterne.

Ich kann Sätze lesen und zusammensetzen. ☺ ☺

3

Qualle   Spaß   Sterne

Spielen macht großen [   ].

Nachts kann man am Himmel [   ] sehen.

Das giftigste Tier der Welt ist eine [   ].

Ich kann Wörter passend in Sätze einsetzen. ☺ ☺

1 Anzahl der Silben schwingen
2 Sätze passend verbinden
3 Text lesen und Wörter passend einsetzen

1 Vokale / Wörter verschriften

Das kann ich, S. 16, 17
LSTE 7
C

ng

1

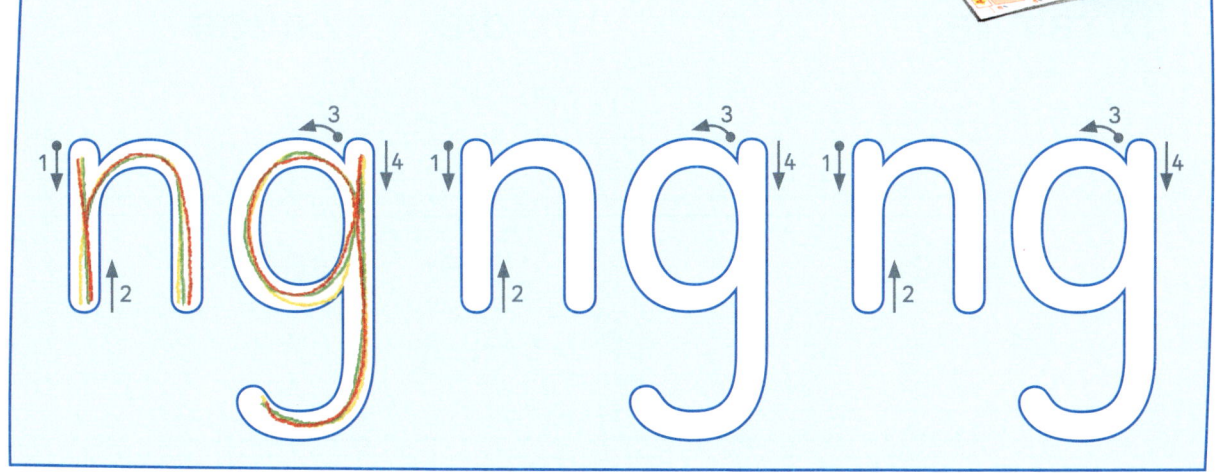

2

ng ng   ng

Junge

Zange

Angel

Finger

singen

3 Zwei Ju(ng)en angeln

mit Zangen nach Ringen.

Jeder hat zehn Finger.

Engel haben keinen Hunger.

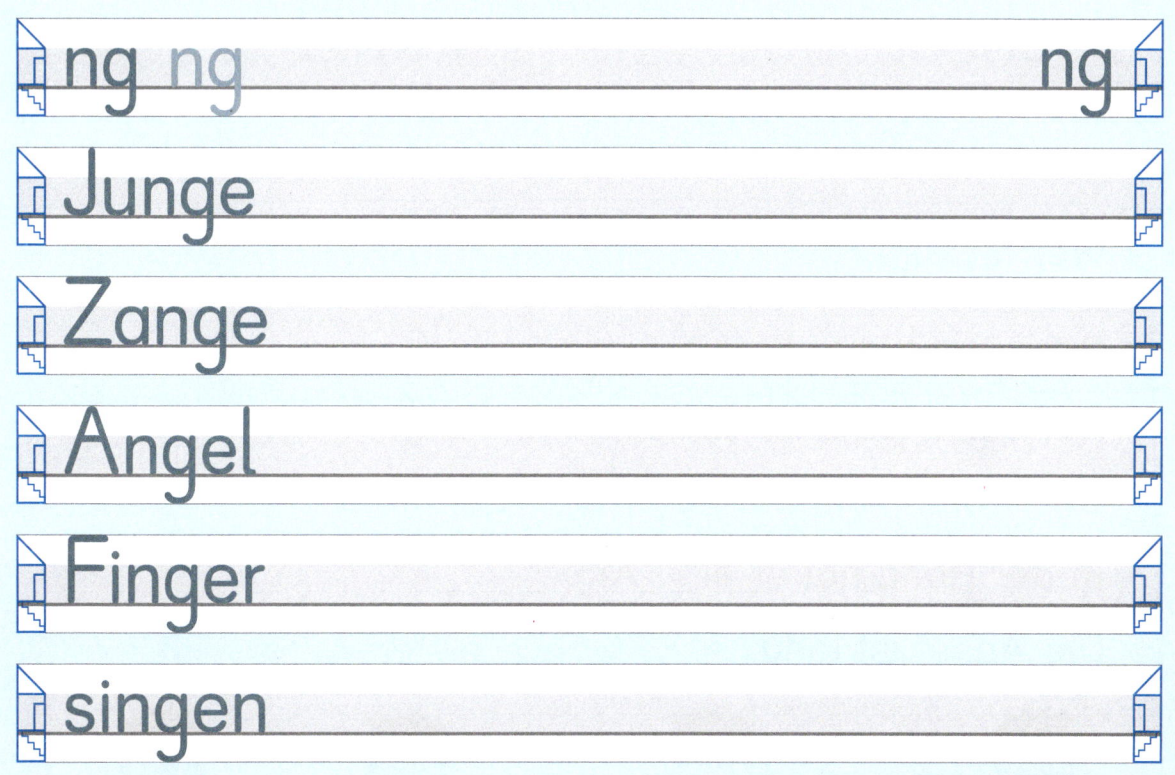

---

1 die Buchstaben ng nachspuren
2 die Buchstaben ng und Wörter schreiben
3 die Buchstaben ng visuell diskriminieren

3 einzelne Wörter/Text lesen

Fibel, S. 98

67

1

singen

bringen

ringen

spr

klingen

schw

die Zange

die W

die Zunge

der J

der Ring

das D

2

Wer ist Peter?

Peter hat blaue Kleidung an.

Auf dem Hemd ist ein Schmetterling.

Unter dem Arm hat Peter eine Zeitung.

In der Hand hat er eine Angel.

Die Angel ist lang.

1 Reimwörter finden, verschriften
2 Text sinnerfassend lesen, das Rätsel lösen

Fibel, S. 98
Fö KV 88, KV 88
LMH, S. 47

nk

1

2

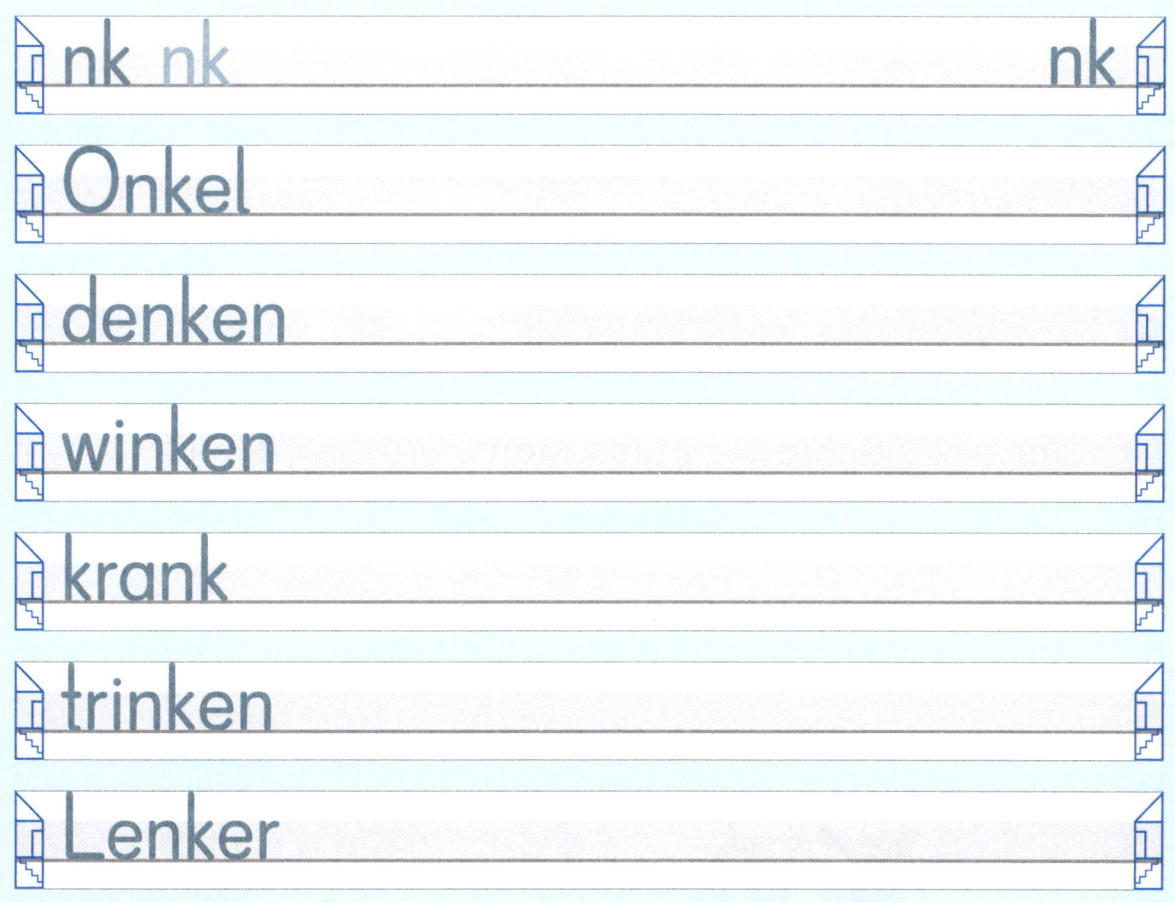

nk nk   nk

Onkel

denken

winken

krank

trinken

Lenker

3 Der flinke Fink trinkt Tee
aus der Tränke.
Mein Onkel hat ein Auto
mit Lenkrad, Tank und Blinker.

1 die Buchstaben nk nachspuren   3 einzelne Wörter / Text lesen   Fibel, S. 99
2 die Buchstaben nk und Wörter schreiben
3 die Buchstaben nk visuell diskriminieren

69

1 trinken winken ~~die Bank~~ der Lenker

die Bank   der _____

2 Ein Wort passt nicht!

Wir schenken Mama Blumen ~~Quallen~~ .

Das Schiff kann trinken sinken .

Am Abend ist es dunkel hell .

Vor einer Schranke muss man warten schlafen .

Opa trinkt gerne Öl Kaffee .

Im Schrank liegen Hosen Schlangen .

Am Auto blinkt die gelbe Bank Lampe .

1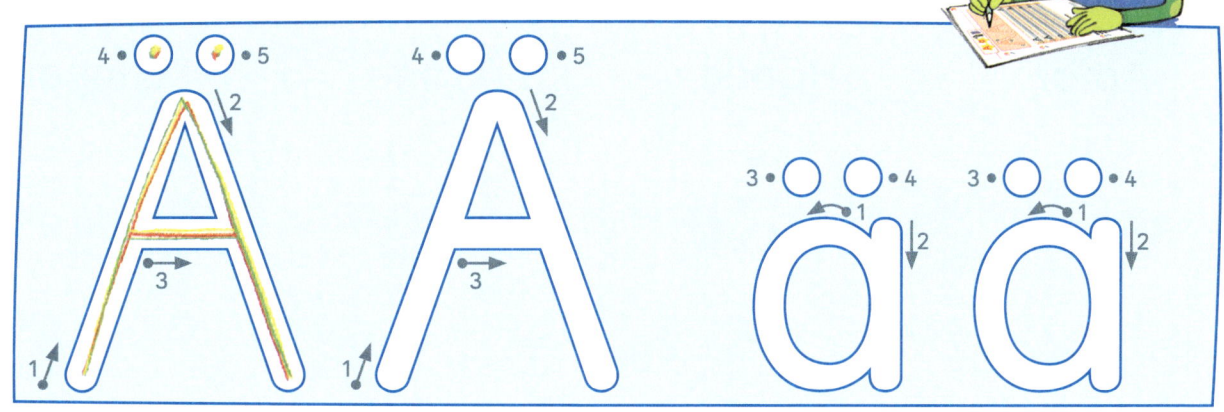

2

Ä Ä Ä

ä ä ä

Ä ä

Äpfel

Bär

Käse

Hände

3 Bären wählen Käse.

Käfer wählen Blätter.

Äpfel hängen an den Ästen.

1 den Buchstaben Ä ä nachspuren
2 den Buchstaben Ä ä und Wörter schreiben
3 den Buchstaben Ä ä visuell diskriminieren

3 einzelne Wörter / Text lesen

Fibel, S. 100

71

1

Äpfel   Hände   Kräne   Gläser

ein Apfel – drei Äpfel

ein Glas – drei

eine Hand – drei

ein Kran – drei

2 Ein Wort passt nicht!

Am Baum hängen Gläser Äpfel .

Wir winken mit den Händen Füßen .

Ein Bär Löwe mag Honig.

Jäger jagen im Haus Wald .

Im Sommer ist es wärmer kälter als im Winter.

Autos Roller haben vier Räder.

Kinder Käfer spielen gerne mit Bällen.

1 Plural passend ableiten und schreiben
2 Sätze sinnerfassend lesen,
  falsches Wort durchstreichen

Fibel, S. 100
Fö KV 89, KV 89
LMH, S. 49, MK Lesen 62, 71

 1

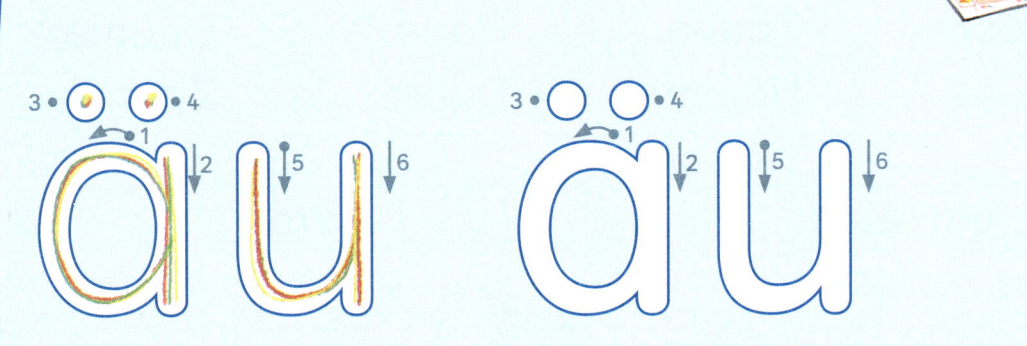

 2

äu äu   äu

Bäume

Läuse

Häuser

Mäuse

Zäune

träumen

3 Läuse warten häufig auf Bäumen

und Sträuchern.

Die grauen Mäuse träumen.

In den Häusern sind Räuber.

1

~~Maus~~   Zäune   Haus   Bäume
~~Mäuse~~   Häuser   Baum   Zaun

ein / eine	drei
 eine Maus	drei Mäuse
ein	

2

Räuber Mäusegrau

Mäusegrau ist der Räuber

mit den drei Messern.

In einer Hand hat er eine Pistole.

Der Hut ist rot mit einer Feder.

Er hat einen schwarzen Bart.

Die Hose ist schwarz.

Sein Pullover ist grün.

Male.

1 Plural passend ableiten und schreiben
2 Text sinnerfassend lesen und fehlende
  Elemente im Bild ergänzen

Fibel, S. 101
Fö KV 90, 101, KV 90, 101
LMH, S. 50, MK Lesen 46, 63

1

C C c c

2

C C   C

c c   c

Cent

Comic

Computer

3
 der Computer  der Computer

 der Comic

 der Cent

 die Creme

---

1 den Buchstaben C c nachspuren
2 den Buchstaben C c und Wörter schreiben
3 Wörter lesen und verschriften

Fibel, S. 102
RS, S. 19

75

1 ✏️

2 ✏️

Ch Ch   Ch

Chor

China

Chris

Chips

3 👓 ✏️

der Chor

das China

die Chips

der Chili

1 die Buchstaben Ch nachspuren
2 die Buchstaben Ch und Wörter schreiben
3 Wörter lesen und verschriften

Fibel, S. 103
Fö KV 91, KV 91
LMH, S. 51, RS, S. 219

tz

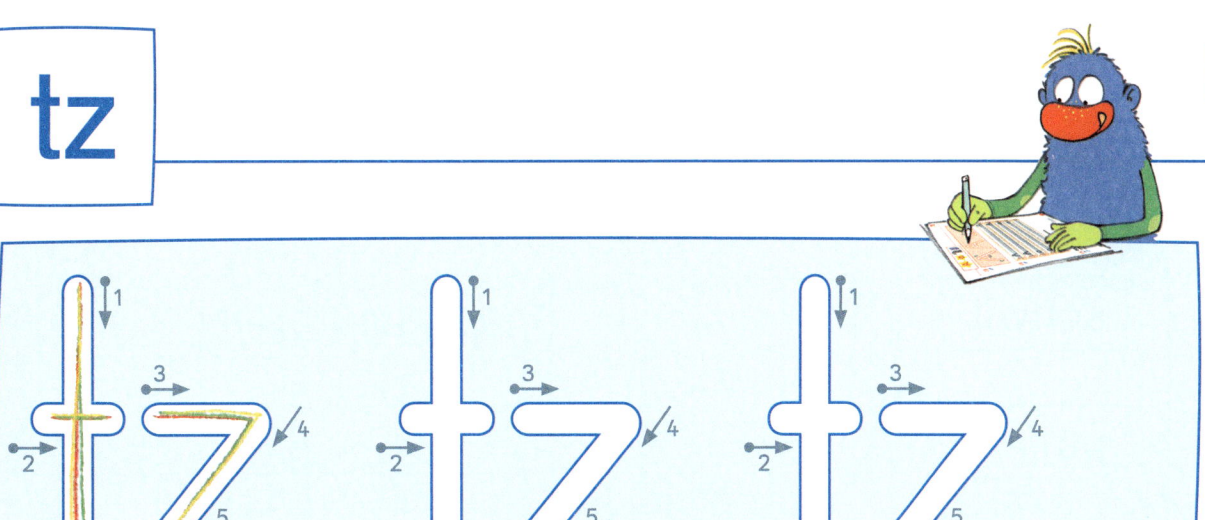

1

t z t z t z

2

tz tz   tz

Katze

sitzen

putzen

Mütze

Hitze

jetzt

3

Spatz Fratzi findet in der Mütze
einen Schatz.
Katzen flitzen wie der Blitz
mit den Tatzen durch die Pfützen.

1 die Buchstaben tz nachspuren
2 die Buchstaben tz und Wörter schreiben
3 die Buchstaben tz visuell diskriminieren

3 einzelne Wörter/Text lesen

Fibel, S. 104

77

1

schwit	schwitzen
put	
flit	
zen	
blit	
sit	
sprit	

2

~~Blitz~~   schmutzig   Mütze   Spatz   Katze   Witz

Bei einem Gewitter gibt es **Blitz** und Donner.

Fritz lacht laut über einen _____ .

Auf dem Kopf habe ich eine _____ .

In unserem Vogelhaus sitzt ein kleiner _____ .

Meine Hose ist _____ .

Die _____ jagt eine Maus.

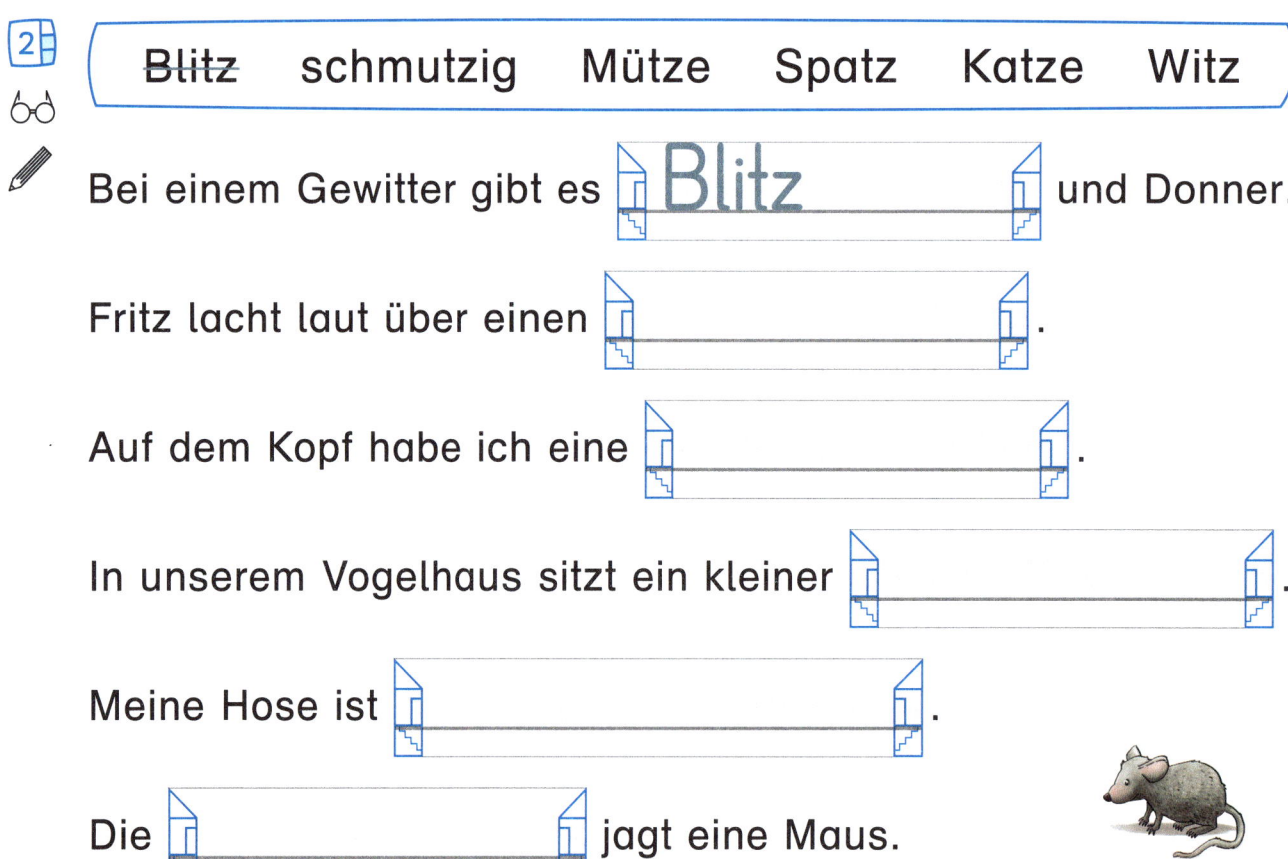

1 Silben zusammensetzen
und das Wort verschriften

2 Sätze lesen und Wörter passend einsetzen

Fibel, S. 104
Fö KV 92, KV 92
LMH, S. 52, MK Lesen 47, 50

ck

1

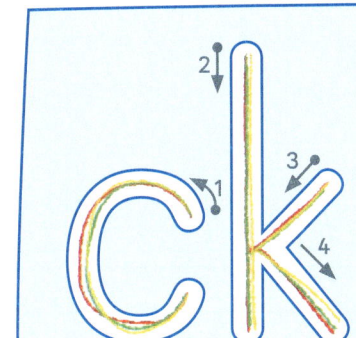 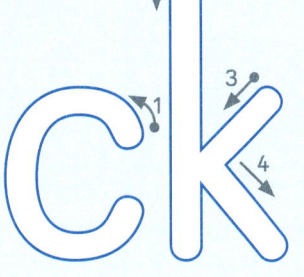 

2

ck ck ck

Ecke

Jacke

backen

Decke

packen

Mücke

3 Da ck el Ecki sitzt dre ck ig

auf der De ck e.

Rock reimt sich auf Stock

und Schne ck e reimt sich auf Ecke.

1 die Buchstaben ck nachspuren
2 die Buchstaben ck und Wörter schreiben
3 die Buchstaben ck visuell diskriminieren

3 einzelne Wörter / Text lesen

Fibel, S. 105
Fö KV 93

79

1

gucken

spucken

Hecke

D

backen

p

Dackel

F

lecken

schm

Rock

St

2

~~Zecke~~   Schnecke   Decke
Backofen   Rucksack   Rock

| Z | E | C | K | E |

Lösung: Z ☐ ☐ ☐ ☐ ☐

1 Reimwörter finden, verschriften
2 Wörter im Rätsel passend eintragen,
  Lösung aufschreiben

Fibel, S. 105
Fö KV 92, KV 92, LMH, S. 53
MK Lesen 42, 64, 72–75

Y y

1

2

Y Y	Y
y y	y
Baby	
Handy	
Pony	
Teddy	

3

Lynn und Pony Roxy reiten
mit Zylindern zu den Pyramiden.
Im Labyrinth verliert Yannik
seinen Teddy.

1 den Buchstaben Y y nachspuren
2 den Buchstaben Y y und Wörter schreiben
3 den Buchstaben Y y visuell diskriminieren

3 einzelne Wörter / Text lesen

Fibel, S. 106

81

1

Y wie in 	Y wie in	Y wie in
Yak	Dynamo	Baby
Yak		
Yoga	Olympia	Teddy
	Labyrinth	Handy

2

Pony   Olympia   ~~Baby~~   Teddy
Labyrinth   Pyramide   Handy

B A B Y

Lösung: Z Y ☐ ☐ ☐ ☐ ☐ ☐

1 nach Lautqualitäten sortierte Wörter mit Y y verschriften
2 Wörter im Rätsel passend eintragen

Fibel, S. 106
Fö KV 94, 95, KV 94, 95
LMH, S. 54
RS, S. 18.

X x

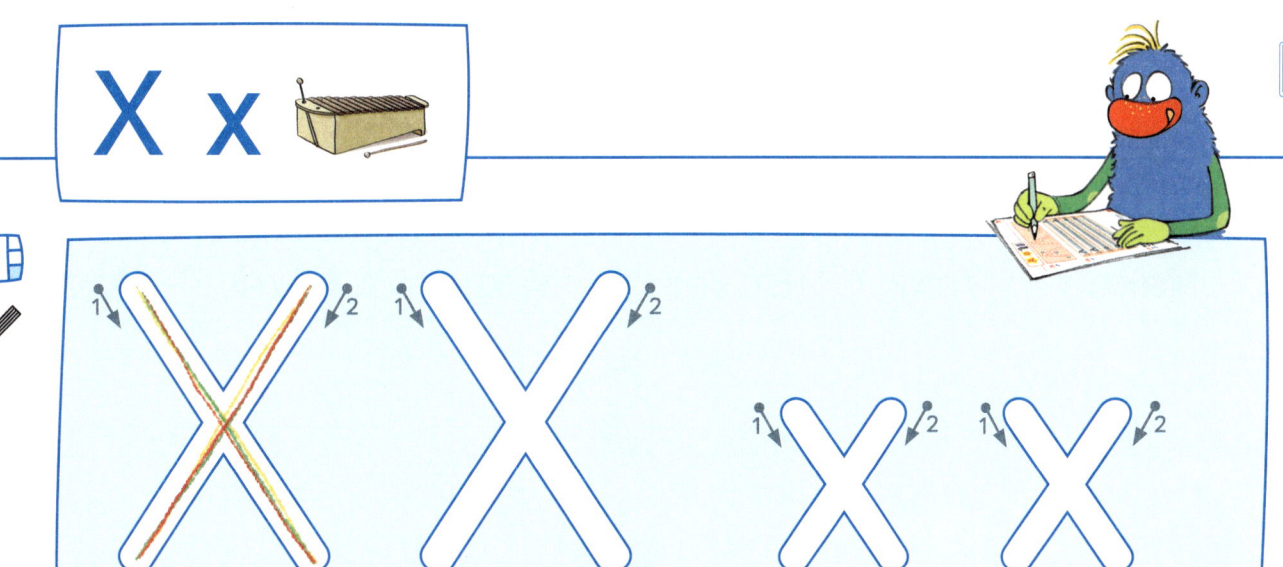

1

2

	X X	X
	x x	x
	Hexe	
	Boxer	
	Mixer	
	Axt	
	mixen	

3 Hexe Xenia liest im Hexen-Buch:

Hexi, mexi, flexi,

aus Maxi wird ein Taxi.

1 den Buchstaben X x nachspuren
2 den Buchstaben X x und Wörter schreiben
3 den Buchstaben X x visuell diskriminieren

3 einzelne Wörter/Text lesen

Fibel, S. 107

83

X x

1

Hexe   Taxi   Boxer   ~~Mixer~~   Nixe   Axt

Mixer

2 Ein Wort passt nicht!

Hexe Xenia fährt   ~~malt~~ mit einem Taxi.

Das Xylofon macht Eis   Musik .

Hexe Lilli hext   trinkt extra lange Nudeln.

Die Hexen mixen   singen einen neuen Trank.

Mit dem Mixer kann man See   Teig mixen.

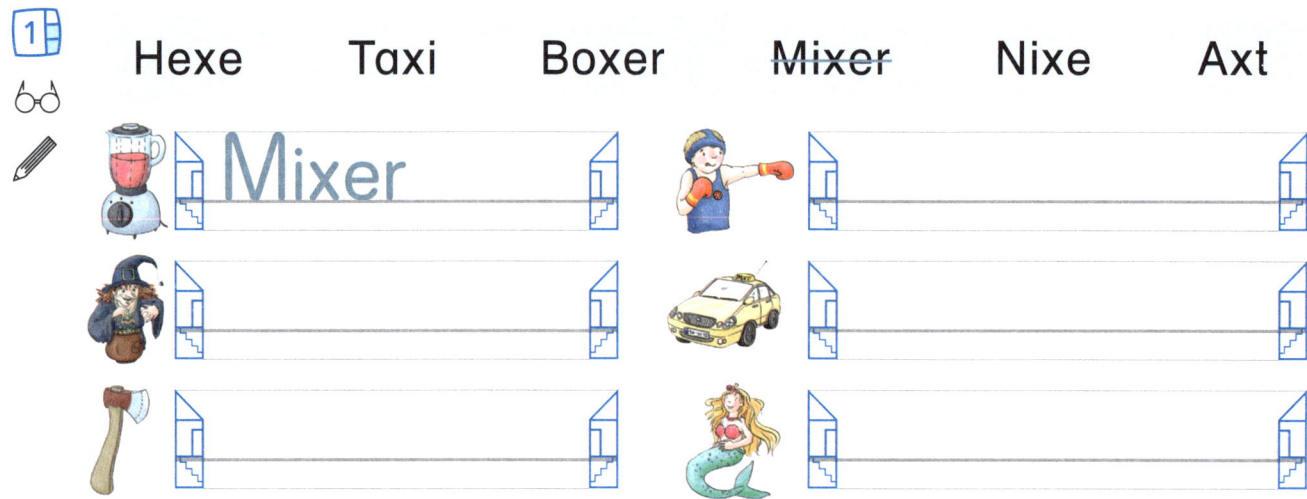

1 Wörter einem Bild zuordnen, verschriften
2 sinnerfassend lesen,
falsches Wort durchstreichen

Fibel, S. 107, Fö KV 96–100
KV 96–100, LMH, S. 55, 56
RS, S. 18, 20, MK Lesen 43

Aus **a** wird **ä**, aus **au** wird **äu**!

Wörter mit ä und äu ableiten

1

~~Wand~~	Hand	Apfel	Ball
Bälle	Hände	~~Wände~~	Äpfel

ein / eine	drei
 eine Wand	drei Wände
eine	drei
ein	drei
ein	drei

2

~~Baum~~	Zaun	Maus	Laus
Mäuse	Zäune	~~Bäume~~	Läuse

ein / eine	drei
ein Baum	drei Bäume
eine	drei
ein	drei
eine	drei

Nomen kennenlernen

> Nomen sind Wörter für Menschen, Tiere, Pflanzen und Dinge.
> Nomen schreibst du groß.

1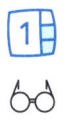

| Menschen | Pflanzen | Tiere | Dinge |

2

Menschen	Lehrerin
Pflanzen	Kaktus
Tiere	Hund
Dinge	Tafel

1 Nomen lesen und der passenden Kategorie
farblich zuordnen

2 Nomen den Kategorien zuordnen, verschriften

Fö KV 102, KV 102
RS, S. 23–25

1

Emil ist begeistert.

Opa Max hat eine Idee.

Heute Abend gehen sie ins Kino.

Ich kann Sätze in Linien schreiben. 🙂 😐

2

Zange Schlange Ring Zeitung Zunge Spangen

Ich kann Wörter mit **ng** richtig einsetzen. 🙂 😐

Das kann ich!

1

Katze   Bäume   Ring

Bank   Computer

Ich klettere gerne auf  .

Mama trägt am Finger einen  .

Oma und Opa sitzen auf einer  .

Nele lernt gerne am  .

Die  fängt viele Mäuse.

Ich kann Wörter passend in Sätze einsetzen.

2

Wer ist Teddy Max?

Auf dem Kopf ist eine blaue Mütze.

Die Hose hat einen grünen Flicken.

Ein Hosenträger ist pink.

In der Tatze hat er einen Rucksack.

Der Rucksack hat blaue Punkte.

Ich kann ein Rätsel lösen.

1 Sätze lesen und Wörter passend einsetzen

2 Text sinnerfassend lesen, das Rätsel lösen

Das kann ich, S. 18, 19

LSTE 8